인제에서
살아보기

인제에서
살아보기

서울시50플러스재단 도심권사업팀 · 패스파인더 지음

퍼블터

<인제에서 살아보기> 주요 방문지역

자연·문화공간

기관·단체

인제군

453

46

한국DMZ평화생명동산

대암산 용늪

여초서예관
한국시집박물관

31

냇강마을

만해마을

백담사

다락공방

설악산

인제군청

44

박인환문학관

관대리

신월리
달뜨는마을

하추리마을

필례약수

소양호

31

418

44

원대리
자작나무 숲

어론습지생태공원

‖ 차례 ‖

인제 가실래요?

이형정
서울시50플러스재단 도심권사업팀 책임

어디서, 어떻게, 무엇을 하며 살까를 고민하는 서울의 중장년과 지방 중소도시를 연결하는 지역 상생 사업이 남원, 강릉에 이어 세 번째로 인제 지역에서 진행됐다.

저출산 · 고령화에 따른 지방 소멸 위기에 대응하고 있지만 저출산 대책은 실패했고, 인구 절벽이 지역의 핵심 이슈가 되었다. 행정안전부는 인구감소지역 89곳을 지정하고 '인구감소지역 지원 특별법'을 통해 지역에 거주하는 정주인구 뿐만 아니라 관광 · 업무 · 정기적 교류 등을 포함하는 생활인구까지를 포함하는 새로운 인구 개념을 도입했다. 인구감소 문제가 얼마나 심각한지 알 수 있는 정책이다.

4도 3촌(4일은 도시, 3일은 농촌), 워케이션(Work+Vacation) 등 지역을 탐색하고 스며드는 새로운 유형의 여행을 통해 어디서, 어떻게, 무엇을 하며 살까에 대한 물음표(?)가 비로소 느낌표(!)가 되어가는 듯한 기분이다. 청년 유입에 힘을 쏟던 지역에서도 이제 중장년 세대 정착을 지원을 위한 조례 제정 등 중장년에 대한 관심을 키워가고 있다. 40대 조기 퇴직자 증가세를 감안할 때 경험과 경력이 풍부한 거대한 인구집단인 중장년 세대가 지역의 관계인구(생활인구)로 자리를 잡는다면 지방 소도시의 새로운 가능성을 제시하고 유의미한 긍정적인 변화를 이끌어낼 수 있을 것이다.

이 사업은 관광객으로서 단순 여행을 넘어 가볍게 떠나는 탐색 여행과 진지한 관계 맺기 여행인 1, 2단계를 통해 '어디서, 어떻게 살까'를 탐색한다. 그리고 지역의 자원과 나의 경력을 매칭한 일활동을 경험하며 3단계 '무엇을 하며 살까'를 구체화하는 사업이다.

지난해 4월, 한국수자원공사를 만나며 인제군 댐 주변 지역 주민들의 희생과 인내, 낮은 인구밀도로 인한 지역소멸 위기 등 인제 지역이 가진 다양한 이슈를 알게 되었다. 인제야말로 중장년의 연륜과 능력 발휘가 꼭 필요한 지역 아닐까. 인제로 가는 국도에 등장하는 '인제, 신남' 표지판을 보며 모두가 신이 났다.

이 책은 서울시 중장년 10명이 자연과 사람을 만나며 발견한 인제의 이야기를 담고 있다. 살아보기를 고민하고 있다면, 정착 지역을 탐색하고 있다면, 인제를 재발견해 보길 바란다. 그리고 신나게 새로운 기회를 찾아보자.

'이제'는 '인제'다
인제에서 살아보기

/

김만희
패스파인더 대표

왜 살아보기에 열광하는가?

코로나 시기에도 식지 않았던 지역(로컬)에서 살아보기의 흐름이 갈수록 뜨거워지고 있다. 이는 우리나라만의 흐름은 아니어서, 2021년 3분기 에어비앤비의 숙박 예약 중 7일 이상의 장기 숙박 비중이 절반에 이르렀다고 한다. 에어비앤비 CEO인 브라이언 체스키도 살아보기 흐름에 동참, 새로운 동네의 에어비앤비에서 머물며 살아보다가 다시 샌프란시스코로 돌아온다는 기사가 실리기도 했다.

왜 우리는 살아보기에 열광하는가? 코로나와 같은 시대 환경도 있겠지만, 기존 여행에서 쉽게 느낄 수 없고, 만날 수 없는 것을 우리에게 줄 수 있어서가 아닐까? 책을 읽기만 해서는 배울 수 없는 지혜를 우리에게 들려주어서는 아닐까?

살아보기의 매력은 지역의 매력과 떼어서 생각할 수 없다. 지역에는 가슴 설레는 자연과 문화가 있다. 좀 더 자세히 들여다보면 우리가 미처 생각하지 못했던 다양한 일과 활동 그리고 사람이 있다. 도시는 넘쳐나는 사람과 치열한 경쟁, 비싼 비용으로 인해 할 수 있는 일이 많이 남아 있지 않거나, 있다고 해도 뻔한 일들 뿐이다. 하지만 지역의 경우는 다르다. 도시보다 쾌적한 환경 속에서 유휴 자원도 많지만 사람이 없어서 못하는 일들이 많다. 그렇기 때문에 역설적으로 더 많은 기회와 활동의 무대가 존재할 수 있다.

지금까지 지역을 경험할 수 있는 방식이라고 하면 여행 아니면 귀농·귀촌을 떠올렸다. 하지만 대다수의 여행은 일회성이고 명소 중심으로 진행되어 지역의 진수를 느끼기 쉽지 않고, 귀농·귀촌은 실행하기에 부담스러운 주제여서 소수의 사람들만이 관심을 갖고 있는 영역이었다. 하지만 이제 '살아보기'라는 제3의 대안이 있어, 조금만 시간을 내고 용기를 내면 더 많은 사람이 지역의 매력을 맛볼 수 있게 된 것이다.

목적에 따른 살아보기 유형

똑같이 '살아보기'라는 말을 써도, 참여자의 목적에 따라 그 모습은 각양각색이다. 더욱 깊은 여행을 위한 살아보기도 있고 배움과 회복을 위한 살아보기, 지역에서의 일과 활동 그리고 이주를 준비하기 위한 살아보기 등 다양한 목적이 있을 수 있다.

그 가운데서 가장 많은 사람들이 생각하는 것은 아무래도 좀 더 깊고 색다른 여행으로서 살아보기이다. "여행은 살아보는 거야!"란 말도 있지 않은가? 기존 여행, 특히 패키지여행으로 채우기 힘든 자신만의 프리미엄 체험을 하고 싶은 이들에게 살아보기는 무척 매력적이다. '사는 것living'과 '여행 travel'의 경계가 모호해지면서, 깊은 여행으로서 살아보기 흐름은 앞으로도 상당 기간 지속될 것으로 보인다.

배움과 교육 역시 살아보기의 주요한 유형이다. 농·산촌 유학처럼 자녀의 교육 목적뿐 아니라, 성인들이 자기 학습을 위해 살아보기에 참여하는 경우도 늘고 있다. 도심에서는 채워질 수 없는 체험 위주 교육이거나 특정 지역에서만 가능한 배움일 경우가 그런 예이다.

또 다른 목적은 '쉼과 회복'을 위한 것이다. 청정 자연환경 속에서 지친 몸과 마음을 추스르고 요양이 필요한 경우다. 특히 이직, 퇴직 등 삶의 중요한 순간에 자신을 되돌아보고 전환을 준비하고 실행하기 위한 살아보기가 늘어가고 있다.

다음으로 최근 주목을 받는 살아보기 유형, 워케이션worcation이다. 즉 일work과 휴가vacation가 결합한 형태로 '디지털 노마드'와 '워라벨' 그리고 '재택근무' 흐름 속에 등장했다. 원격근무remote work의 한 유형으로 볼 수도 있겠다. 코로나 상황 속에서 재택근무의 경험이 매일 사무실에 모여 일해야 한다는 생각에 변화를 이뤄낸 것도 한몫했을 것이다. 기존의 업무를 지역에 가져가는 것뿐 아니라 지역에서 새로운 과제를 만들 수도 있는데, 점차 다양한 사례들이 만들어질 것이다.

마지막으로 귀농·귀촌 등 이주 준비를 위한 살아보기다. 이주 희망 지역에서 농사를 지어보거나, 자녀 교육 또는 사업 환경을 알아보며 얼마나 잘 적응할 수 있을지 탐색해 보는 것이다. 인구 감소로 소멸까지 언급되는 지방 도시와 농·산·어촌 입장에서 가장 환영할만한 유형이다. 새 직장과 업무에 적응하는 인턴십이 필요한 것처럼, 이주를 희망하는 사람에게도 살아보기는 꼭 거쳐야 할 단계이다.

나는 2019년 말 남원을 시작으로 강릉, 인제까지 여러 지역에서 살아보기를 경험했다. 첫 시도였던 남원에서 3개월 살아보기는 일과 활동이 주된 목적이었다. 같은 숙소에서 머물렀던 다른 분들의 경우 자녀 교육, 건강 회복, 이주를 위한 준비 등으로 서로 살아보기의 목적이 달랐던 기억이 난다.

이처럼 각양각색의 살아보기가 시도되고 있으며 두 개 이상의 목적이 결합하기도 하고, 시간에 따라 목적이 바뀌기도 한다. 여행으로 시작했지만 그 지역이 너무 좋아져 이주를 준비할 수도 있고, 학습과 체험을 위한 살아보기가 일을 위한 워케이션으로 전환될 수도 있다. 되돌아보면 나의 남원, 강릉, 인제에서의 살아보기 역시 지역에서의 일을 위한 살아보기가 주목적이지만, 장기적으로는 이주를 위한 준비이기도 했다.

살아보기, 어디서 어떻게 시작할까?

살아보기를 하고자 한다면 가장 먼저 목적에 맞는 지역을 선정해야 한다. 지역을 정했다면 다음 할 일은 베이스캠프가 될 숙소를 구하는 일이다. 살아보기를 하고자 할 때 많은 이들이 어려움을 겪는 부분이다.

살아보기의 목적에 따라, 숙소를 구하는 방식도 다를 수 있지만, 가장 효과적이고 믿을 만한 경로는 지인의 도움을 받는 것이다. 시간과 비용을 줄일 수 있고, 어느 정도 검증된 숙소를 구할 수 있기 때문이다. 하지만 원하는 지역에 지인이 있다는 보장이 없고, 있다고 하더라도 나에게 맞는 숙소를 찾는 방법을 알고 있을지 장담할 수 없다.

살아보기 숙소 정보를 제공하는 플랫폼 업체

플랫폼 업체		특징
airbnb	에어비앤비 www.airbnb.com	글로벌 업체로 가장 많은 장단기 숙소 정보 보유
my real trip	마이리얼트립 www.myrealtrip.com	항공권, 패키지, 여행 숙소를 제공하는 여행사이면서, 최근 제주, 강원 및 해외 주요 도시를 대상으로 일주일부터 한 달까지의 장기 체류 서비스인 '롱스테이' 제공
Live Anywhere	리브애니웨어 www.liveanywhere.me	한 달, 보름, 일주일 등 살아보기 숙소 위주의 정보 제공. 유튜브 채널을 통한 숙소의 영상 정보도 제공. 앱 사용을 추천
미스터멘션	미스터멘션 www.mrmention.co.kr	리브애니웨어와 비슷하게 한 달, 보름, 일주일 등 살아보기 숙소 정보 제공

다음으로 생각할 수 있는 선택지는 온라인 플랫폼 업체이다. 수수료가 발생하지만, 특히 여행으로서 살아보기 유형이 가장 많이 활용하는 방식일 듯싶다. 기존 여행 숙소 플랫폼으로 시작 살아보기 숙소로 확장해온 에어비앤비 같은 곳과 장기 숙소 전문 플랫폼으로 출발한 리브애니웨어, 미스터멘션 등으로 나눠진다. 최근 기존 여행사인 마이리얼트립도 장기체류 프로그램을 소개하고 있다. 한달살이 숙소의 경우 많게는 50% 이상 할인을 제공하며 플랫폼 수수료는 대부분 지불하는 요금 안에 포함된다. 그러나 아직 다양한 형태의 살아보기 숙소를 찾기가 쉽지 않다는 평가도 많다.

제주나 강원도 등 많은 이들이 선호하는 지역의 경우 온라인 플랫폼뿐 아니라 해당 지역 살아보기 커뮤니티를 이용하는 것도 한 방법이다. 예를 들면 네이버 카페인 '일년에 한도시 한달살기'에서는 숙소

살아보기 숙소 정보를 제공하는 지역별 커뮤니티

지역	카페명	링크 주소
제주도	제주도를 사랑하는 사람들의 모임	cafe.naver.com/idiolle
	제주 한달 라이프	cafe.naver.com/seogwipoguesthouse2
강원도	태산동 (태백산맥 동쪽살기)	cafe.naver.com/mygn
	강여정 (강원도 여행 정보 공유)	cafe.naver.com/usedp
국내 및 해외	일년에 한도시 한달살기	cafe.naver.com/suddengongyou

등 살아보기 관련 정보를 구할 수 있다. 다만 지역이 한정적이고, 직접 숙소와 연락하여 계약하고 비용을 지급해야 함으로써 번거로움과 개인 간 거래에 따른 위험이 따를 수 있다.

또 다른 방법으로는 살아보기 희망 지역 온라인 생활정보 사이트나 오프라인 부동산을 활용하는 것이다. 온라인 플랫폼 업체에서는 구할 수 없는 보다 저렴하고 다양한 옵션의 숙소 정보를 얻을 수도 있다. 시간이 걸리고 번거로울 수 있지만, 예전에 비하면 지역 부동산에서도 살아보기 숙소에 대한 이해가 높아져 활용을 생각해볼 수 있겠다.

지자체 살아보기 참여하기

지금까지 소개한 살아보기 숙소를 이용한다면 깊은 여행으로서 살아보기를 경험해볼 수 있는 좋은 기회가 될 것이다. 하지만 단순히 머무르고 여행하는 것을 넘어서 지역을 좀 더 깊이 느끼고 이해하고 싶다면 또 다른 방식을 추천하고 싶다. 그것은 지방자치단체에서 운영하는 지역 살아보기 프로그램에 참여하는 것이다. 물론 본인 목적에 맞는 지역 프로그램을 찾아야 하고, 본인이 원하는 지역과 시기에 맞지 않을 수는 있다. 하지만, 대부분 프로그램이 숙소와 활동 거리를 소개해주며 그에 따른 비용 일부를 지원하기도 한다.

광역지자체 중 가장 먼저 살아보기 프로그램을 시작한 곳은 전라남

전국 및 광역 지자체 단위 살아보기 사업 사례

지역, 사업명, 사이트	사업 설명
전라남도 전남에서 살아보기 (특화형) live.jeonnam.go.kr 	● 2019년 일반형과 특화형으로 시작되었으나, 올해는 농식품부 사업 〈농촌에서 살아보기〉와 겹치는 일반형은 제외하고 특화형으로 진행 중 ● 가공 기술 등 전문기술 전수의 취창업 프로그램 ● 기간은 20~90일, 참가 자격은 18세~55세 ● 2023년도 진행 예정, 세부 내용은 전남 인구청년정책관 문의 및 관련 사이트 참조
경상남도 경남에서 한 달 여행하기 htour.gyeongnam.go.kr 	● 2020년 처음 시작한 장기 체류형 여행 프로젝트로 2023년에도 진행 예정 ● 참가 자격은 19세 이상 (일부 지역은 청년 우대) 최소 2박에서 최대 29박 ● 숙박비 (팀당 1일 5만 원)과 체험비 (인당 5~8만 원) 지원, 인당 여행 후기를 1일 2건 이상 홍보 ● 2023년도 진행 예정, 전체 일정은 관련 사이트 참조 및 세부 내용은 시군별로 문의
농림축산식품부 (전국) 농촌에서 살아보기 www.returnfarm.com 	● 2021년 처음 시작, 귀농·귀촌 희망 도시민 대상 농촌 일자리와 생활 체험 및 주민 교류 기회 제공 ● 귀농형, 귀촌형, 프로젝트 참여 3가지 유형 ● 참가 자격은 18세 이상 (단, 프로젝트 참여형은 18세 이상 40세 미만 참여 가능) ● 최소 1개월~최장 6개월 ● 숙박 무료 및 연수비 지원 (단, 식비와 추가 비용은 자부담) ● 2023년에도 진행 예정, 관련 사이트 참조

도다. 2019년부터 꾸준히 관련 프로그램을 진행해왔으며 2023년에도 도비로 '전남에서 살아보기', 농식품부 예산으로 '농촌에서 살아보기' 프로그램을 운영할 예정이다. 경남은 2020년 귀농·귀촌 목적보다는, 관광 홍보를 위한 살아보기를 시작했는데, 현재 '경남에서 한 달 여행하기' 프로그램을 진행하고 있다.

농식품부에선 2021년부터 '농촌에서 살아보기'란 사업명으로 전국적으로 시행하고 있다. 그 외에 경북 등에서도 청년뿐 아니라 신중년을 위한 지역 살아보기 프로그램을 계획 중이다.

개인과 지역 모두 '윈윈'

지역에서 살아보기는 개인뿐 아니라, 해당 지역에도 긍정적인 영향을 준다. 살아보기라고 하면 짧게는 1주일에서 한 달, 길게는 몇 달, 몇 년의 기간이 될 수도 있다. 그 기간 지역에 머물며, 주거, 음식, 교통, 문화를 위한 소비로 지역 경제 활성화와 홍보에 기여할 수 있다. 좀 더 나아가서, 지역의 자연과 문화를 체험하고 지역 사람과 친분을 나누고 교류하며 애정이 커지면서, 그 지역에 우호적인 인적자원으로 역할을 할 수 있다.

기존에는 지역에 거주하는 정주 인구만 인적자원으로 생각하는 경향이 있었기 때문에 지자체에서도 지역으로 주소를 옮기는 것에 중

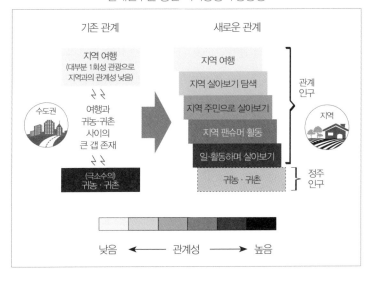

관계인구를 통한 지역상생의 방향성

기존 관계   새로운 관계

지역 여행
(대부분 1회성 관광으로
지역과의 관계성 낮음)

지역 여행
지역 살아보기 탐색
지역 주민으로 살아보기
지역 팬슈머 활동
일·활동하며 살아보기

관계
인구

수도권

여행과
귀농·귀촌
사이의
큰 갭 존재

지역

(극소수의)
귀농·귀촌

귀농·귀촌

정주
인구

낮음 ◀── 관계성 ──▶ 높음

점을 둔 인구 정책에 집중했다. 그러나 이주 중심의 귀농·귀촌은 생활 거점을 옮긴다는 부담감에 실행하기 쉽지 않고, 준비 없이 이뤄져 자칫 지역 내 심각한 갈등 요소가 되기도 한다. 살아보기는 개인과 지역 모두에게 여유를 갖고 서로를 알아가고 준비하는 기간을 제공하기에, 지역의 팬이자 문제해결에 도움이 되는 새로운 인적자원을 만들 수 있을 것으로 기대하고 있다.

이처럼 그 지역 주민 즉 '정주인구'는 아니지만, 지역을 아끼고 어떤 형태로라도 기여하고자 하는 인구를 '관계인구'라 부른다. 예를 들어 주소는 다른 지역에 두고 있지만, 그 지역을 정기적으로 방문하고 여행하는 사람, 제2의 고향처럼 생각하고 그 지역 상품과 서비스를 자주 소비하는 사람, 자신의 시간과 재능을 활용해 지역에 도움이 되는 활동을 하는 사람들을 그 지역의 관계인구라고 할 수 있다.

살아보기는 지역의 관계인구를 확보하는 중요한 시발점이다. 많은 지자체가 귀농·귀촌을 유도하기 위해 '살아보기 사업'을 운영하는 것도 바로 이 때문이다. 하지만 살아보기 프로그램이 저절로 귀농·귀촌 또는 관계인구 확보로 연결되는 것은 아니다. 다양한 프로그램을 진행했지만 기대만큼 인구 유입으로 연결되지 않자, 일부 지자체는 살아보기를 사업을 폐지하기도 했다. 지역 입장에서 중요한 것은 그 지역에 대한 교류와 소통의 정도 그리고 질적으로 좋은 영향을 미치는 것이다. 따라서 일회성 여행은 물론 살아보기조차도 지역과 관계 맺음 없이 끝나는 프로그램이라면 정주인구는커녕 관계인구도 확보하기 어려울 것이다. 다양한 살아보기 참여자의 목적을 고려하고, 그 목적에 따른 프로그램을 운영하면서 지역의 일과 활동 그리고 사람과의 진솔한 교류가 이뤄질 수 있는 운영 방식이 병행되었을 때 지역의 관계인구로 연결될 수 있을 것이다.

'인제에서 살아보기'는 어떻게 시작되었나?

광역 지자체뿐 아니라, 적지 않은 기초 지자체에서도 체류형 또는 살아보기를 통한 지역 홍보와 귀농·귀촌 인구 유입을 모색하고 있다.

그렇다면 우리의 '인제에서 살아보기'는 어떻게 시작되었을까?

한국수자원공사로부터 연락이 온 것은 이른 봄날이었다. 댐이 있는 지역사회에 도움이 되는 활동을 몇십 년째 이어오긴 했지만, 조금 새로운 아이디어를 찾고 있었다. 그렇게 시작된 만남은 지역 상생과 관계인구에 대한 의견을 나누며 빠르게 공감대를 이뤄나갔다. 즉 기존 명소 중심의 일회성 관광이나 이주 중심의 귀농·귀촌이 아닌, 지역에 대한 '관심과 애정'에 바탕을 두는 '지역 관계인구'를 만드는 일을 차근차근히 해보자는데 의견을 모았다. 더욱 많은 사람이 좀 더 가볍게 지역을 여행하고 살아보고, 좀 더 나아가 지역의 팬이자 소비자로 또 관계인구로서 역할 했으면 하는 것이 우리의 목적이다. 그러다 귀농·귀촌까지 이어지면 좋겠지만, 그러지 못하더라도 지역의 팬슈머(팬이자 소비자) 자체도 큰 의미가 있다고 믿기 때문이다.

이렇게 '인제에서 살아보기'는 기존의 남원, 강릉과는 시작이 달랐다. 기업의 ESG(환경:E, 사회:S, 거버넌스:G) 활동이 신중년과 지역 상생을 미션으로 하는 서울시도심권50플러스센터와 패스파인더가 협업하는 사례라는 점에서 새로운 실험이다.

댐 주변 지역이기도 하면서, 새로운 시도에 의지가 있는 첫 지역은 강원도 인제였다. 첫 만남 이후 4개월간 서울과 인제의 많은 파트너가 함께 참여하면서 인제-서울 지역 상생을 위한 프로그램을 준비했다. 한국수자원공사와 인제군이 후원하고 서울시도심권50플러스센터, 인제로컬투어사업단 그리고 패스파인더가 함께 협업하는 '인제-

서울 지역 상생을 위한 관계인구 창출' 프로그램이 본격화된 것이다.

인제살이 숙소 구하기

7월 말, 우선 패스파인더부터 짐을 싸서 인제로 향했다. 한두 차례 점봉산 곰배령을 찾았고, 동해안을 오가면서 잠시 들른 적은 있었지만, 인제를 제대로 알기 위해서다. 먼저 인제의 살아보기 숙소를 구해야 했다. 다행히 현지 파트너인 인제로컬투어사업단의 도움으로 소양호 주변 남면 신월리 체험 마을에 숙소를 구하고 두 달여 본격적인 인제살이에 들어갔다. 지인의 도움으로 쉽게 숙소를 구할 수 있었지만, 그렇지 않은 사람이라면 어떻게 숙소를 구할까?

인제의 경우 기존 숙소 플랫폼에서 장기 체류 숙소를 구하기는 쉽지 않다. 이럴 때 활용할 수 있는 것이 온라인 생활정보 및 부동산 카페다. 인제에서 집을 구할 수 있는 유용한 사이트로는 '인제 사람들, 인제군 부동산 직거래, 인제 엄마들' 등이 있다. 상황이 된다면, 인

살아보기 숙소 정보를 제공하는 지역별 커뮤니티 사례

카페명	링크 주소
인제 사람들	cafe.naver.com/injero
인제군 부동산 직거래	cafe.naver.com/injereal
인제엄마들	cafe.naver.com/kirinapt

인제 살아보기의 베이스캠프였던 신월리 전경 및 살아보기 숙소.

제군에서 제공하는 살아보기 프로그램에 참여하길 권한다. 인제 파트너인 '인제로컬투어사업단'은 귀농귀촌종합지원센터를 운영하면서 인제 살아보기 프로그램을 진행하고 있다. 2023년에도 한달 살아보기, 반년 살아보기, 청년작가 살아보기 등 3가지 유형의 살아보기를 준비하고 있다. 식비와 활동비는 본인 부담이나, 숙소의 경우 농촌 마을 숙소에 머물 수 있게 지원할 예정이다. 자세한 문의는 인제군 귀농귀촌종합지원센터(033-463-8681)로 문의하거나 홈페이지(www.injetour.co.kr)와 네이버블로그 인제로컬투어(blog.naver.com/injetour1)를 통해 구체적인 정보를 확인할 수 있다.

인제와 친해지기

인제군의 면적은 서울의 2.7배로 전국에서 홍천군에 이어 두 번째로 넓은 반면, 인구는 3만 2,000여 명으로 인구밀도가 전국에서 가장 낮은 곳이다. 몇 년 전, 잠실에 1만 가구의 대단지 아파트가 들어선다는 기사를 본 듯한데, 그 단지 한 곳의 인구 규모와 비슷하다.

자연 풍광에 있어서 인제는 말 그대로 청정 자연의 보고다. 우선 설악산을 포함하여 점봉산, 방태산, 대암산 등 1,000미터가 넘는 산이 즐비하다. 거기에 더해 미시령, 한계령, 은비령 등의 고개와 백담계곡, 선녀탕, 대승폭포 등의 명소들이 어우러져 잘 차려진 한정식 같다.

지금은 비교적 쉽게 갈 수 있지만, 한때 오지 트레킹으로 사랑받았던 진동계곡과 아침가리계곡 그리고 우리나라 람사르습지 1호 대암산 용늪 역시 빠질 수 없다. 개인적으로는 숙소에서도 가까웠던 원대리 자작나무 숲과 소양호 주변 풍광이 인상적이었다. 특히 소양호 주변 풍광은 소양강댐 건설에 따른 수몰의 역사와 어우러져 복잡 다감한 아름다움을 전해주었다.

자연 자원뿐 아니라 백담사, 한국시집박물관, 박인환문학관, 여초 서예관 등의 문화예술 공간이 있다. 또한 군 단위 지역에서는 드물게 인제읍과 원통 두 곳에 영화관이 있어, 서울에 있을 때보다 더 많은 영화를 즐길 수 있었다.

인제의 아름다운 자연 풍광들. **1** 원대리 자작나무 숲. **2** 곰배령. **3** **4** 대암산 용늪과 해설 투어.

　인제의 먹거리는 강원도 산촌의 특성을 반영하는데, 그중에서도 황태, 풋고추, 콩, 오미자, 곰취 등 다섯 가지는 인제 5대 명품으로 손꼽히며 다른 어느 지역 먹거리와 비교해도 자신 있게 내놓을 수 있는 '명품'이다. 우리가 잘 아는 황태는 물론이고 좋은 콩으로 만든 두부 음식도 훌륭하다.

　강원도답게 막국수와 산채를 재료로한 식당들도 가 볼 만 하다. 두 달 머물면서 가장 많이 먹은 음식은 찰지면서 달달한 옥수수였는데, 인제의 여섯 번째 명품을 대라면 옥수수를 주저 없이 꼽을 것이다. 만

강원도 산촌의 특성을 잘 나타내는 인제의 5대 명품 먹거리. **1** 황태, **2** 풋고추, **3** 콩, **4** 오미자, **5** 곰취.

약 여러분이 9~10월 인제에 머문다면 버섯을 놓쳐서는 안 된다. 웬만한 모임마다 송이, 표고, 능이 등 자연산 버섯 잔치가 벌어진다. 살아보기 동안 인제의 지인과 맛본 버섯의 맛은. 초대해준 따뜻한 마음과 함께 오랫동안 잊지 못할 기억으로 남을 것이다.

이렇게 자연과 문화도 좋지만, 살아보기 중 가장 많은 시간을 들여 만난 것은 따로 있었다. 바로 인제에서 벌어지는 일과 활동 그리고 그 것을 가능케 하는 사람들이었다.

인제를 탐색하기 위해 ①자연과 환경, ②문화와 예술, 그리고 ③지역 기반 비즈니스와 관계인구 등 세 가지 주제로 나눠 인제의 일과 활동을 탐색하고 사람책을 만났다.

인제의 자연을 사랑해서 귀촌 후 자연을 지키는 사람들, 평화 생명

인제의 명물이라고 할 수 있는 자연송이와 그것을 넣어서 끓인 자연송이 라면.

운동 그리고 많은 50+참여자들이 낯설어했던 동물권 운동을 하는 사람들도 만났다. 문학과 예술 관련 시설을 운영하거나 개인적인 전공을 살려 지역에서 공방을 운영하는 사람, 농촌 마을의 공동체 사업을 진행하는 마을 대표와 사무장, 사회적경제와 환경 등 다양한 분야의 중간 지원기관에서 일하는 활동가들도 모둠을 나눠 만나 얘기를 나눴다.

인구밀도는 전국에서 가장 낮지만, 각양각색의 일과 활동, 커뮤니티와 기관들이 있었다. 이 책은 인제의 멋진 자연과 문화뿐 아니라 20대에서 70대에 이르는, 인제의 가장 멋진 자원인 사람 간의 만남을 기록한 책이다. 이러한 만남은 짧은 여행으로는 쉽지 않고 살아보기로만 가능하며, 또 관계인구로 가기 위해 꼭 거쳐야 할 길인 것이다.

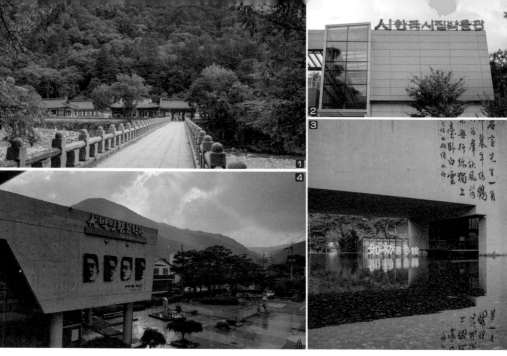

1 백담사. **2** 한국시집박물관. **3** 여초서예관. **4** 박인환문학관

지치지 않고 '살아보기'를 할 수 있는 방법

2019년 이후, 남원, 강릉에 이어 세 번째 지역이었던 인제에 머물면서 다시 한번 살아보기의 핵심 요소가 무엇인지 생각해 보았다. 근사한 풍광, 맛있는 음식, 이것들도 중요하지만, 내게 있어서 지치지 않고 살아보기를 지속할 수 있었던 세 가지 요소는 다음과 같다.

첫째는 지역에 나를 환대해주는 사람이 있느냐 하는 것이다. 내가 생각하는 환대란, '그리 안 해도 되지만 가치에 대한 공감과 사람에 대한 정으로 기꺼이 본인의 시간, 공간, 관심, 물적자원을 나누는 마음'이다. 예를 들면 틈틈이 제철 농산물을 챙겨주던 마을 사무장님, 만나면 좋을 사람을 안내해주러 시간을 내주신 마을 대표님, 집으로 불러 정성스럽게 한 끼 음식을 대접하는 지인의 마음이 바로 환대다. 이러한 지역 사람과의 만남이 차곡차곡 쌓이다 보면 자연스럽게 그 지역의 관계인구가 될 것이다. 물론 환대라는 것은 일방적으로 받는 것이 아니라, 나 자신도 그에 걸맞은 마음과 자세를 가져야 하는 쌍방향 요소이지 싶다.

둘째는 살아보기가 조금 적적하다 싶을 때, 또 약간은 재충전이 필요할 때 찾을 수 있는 힐링 공간이 있는가 하는 것이다. 내게는 해질 녘 소양호의 풍광을 감상할 수 있는 마을 주변과 인제 신남의 어론생태습지공원, 38휴게소 등이 그런 곳이다. 남원의 실상사, 서어나무숲, 김병종미술관, 강릉의 경포가시연습지와 대관령치유의숲 같은 곳, 그 지역에서 시간이 날 때마다 찾아가고 싶은 곳 말이다.

마지막으로는 지역에서 의미 있는 활동 거리가 있는지 여부다. 물론 지역의 명소를 찾고, 맛집을 가고 SNS에 남길 사진을 찍는 것도 재밌지만, 다른 누군가에게 소개해 주고 싶은, 지역의 '사람책'을 만난다든가, 지역의 문제 해결을 위해 뭔가 도움이 되는 활동을 할 때 흥미를 느낀다. 자기만의 활동 거리를 찾는 것이 관건일 것이다.

'인제에서 살아보기'는 기획하기+살아보기 탐색 여행+출판하기, 세 단계로 구성되었다. 이 과정 앞에 진행된 '인제 하루'가 1박 2일 가볍게 떠나 인제를 느끼는 준비 과정이라면, '인제에서 살아보기'는 좀

해질녘 소양호 주변 풍광. **1** 관대리, **2** 신월리, **3** 38휴게소에서 본 소양호, **4** 어론생태습지공원

더 진지하고 본격적으로 인제에서 살아보기를 탐색하는 과정이다.

'인제에서 살아보기' 과정은 기존 살아보기와 무엇이 다를까?

첫째, 명소 중심의 살아보기가 아니라, 사람과의 만남을 중요시하며 지역의 관계인구가 되는 것이 목적인 프로그램이다. 기존 여행이 주로 개인이나 가족 단위로 이루어지는 것과 달리, 지역살이에 관심이 있는 사람들이 모여 함께 한다는 것이 큰 차이점이다. 서류와 면접을 통해 선발된 참여자들은 사전에 지역 탐구와 글쓰기에 대한 교육을 받는다. 여행이 시작되면 인제 현지를 다니며 다 함께 문화와 자연을 체험하기도 하지만, 관심 주제별로 인제의 사람(우리는 사람책이라 부른다)을 만나는 것이 핵심이다. 그래서 지역에 있는 사람을 새로운 자원, 가장 중요한 자원으로 발굴하는 효과가 있다. 그 이후에는 글로써 지역을 알리고, 인제 관계인구로서 후속 프로그램에 대해 소식을 공유한다.

둘째, 서울과 지역 간 긴밀한 협업으로 이뤄진다. 기존의 살아보기 프로그램 대부분은 지역(공급자) 위주였다. 공급자가 기획해서 "인제 지역으로 오세요."라고 하는 식이었다면, '인제에서 살아보기'는 가고 싶은 사람들을 모아 "우리 인제 갈까요?"하는 느낌이랄까? 수요자 관점에서 기획하다 보니, 기존 지역 프로그램과는 다른 콘텐츠로 구성되며, 지역에 새로운 자극을 주기도 한다.

셋째, 기존 살아보기 프로그램 대부분이 청년 위주라면, 우리는 최대 인구 계층인 신중년 중심으로 진행한다. 신중년은 연령대 중 인구 비중도 높을뿐더러, 유무형 자산 모두 최고 수준이다. 몇십 년간의 특정 분야 경험이나 인적 네트워크는 지역에서도 요긴하게 활용될 수 있는 자원이다. 신중년 입장에서도 인생 후반 활동의 무대가 줄어드는 도심과 달리 새로운 활동무대로서 지역을 새롭게 발견할 수 있다. 신중년과 지역이 서로 상생하고, 고령화와 지역소멸이라는 두 가지 사회 문제를 동시에 해결하는 의미가 있다.

'인제에서 살아보기'는 한국수자원공사의 ESG 활동이 신중년의 일과 활동 그리고 지역 상생을 고민하는 서울시도심권50플러스센터, 패스파인더, 그리고 인제군을 만나 현실화되었다. 이제 우리도 신중

인제에서 살아보기 참여자 모집 포스터

년 입장에서의 ESG, 즉 우리가 환경과 사회를 위해 기여할 수 있는 일과 역할이 어떤 것이 있을지 생각해 볼 수 있지 않을까? 그런 면에서 지역에서 살아보고 지역의 관계인구가 된다는 것은, 신중년이 가장 즐겁게 할 수 있으면서 사회적으로도 의미 있는 활동이 될 수 있다.

이 책이 지역 살아보기 프로그램의 종착점이 아니라, 제대로 된 살아보기와 관계인구의 출발점이 되기를 바란다. 이 책을 통해 새로운 인제를 발견하고 인제와 사랑에 빠질 또 다른 지역살이 참여자로서 여러분을 만나기를 희망한다.

인제 가실래요?

낯선 곳에
첫발을 내딛는 방법

박옥기

별칭 소요유(逍遙遊). 앞으로 남은 삶을 단순하게, 소박하게, 여유롭게, 어슬렁거리기. 독기 빠진 말랑말랑한 할머니가 되고 싶다. 제발 총기는 남아 있기를 바란다. 폭력에 저항하고 모른 척 하지 않기. 인생 전환이 필요하다. 익숙한 것에서 벗어나기. 좋아하는 것, 재밌는 것 발견하기. 지역살이를 탐색 중이다.

슬기로운 은퇴 생활

소비 문화의 속박에서 벗어나고 싶다

3년 전 자발적 은퇴를 하면서 다시는 돈을 벌지 않겠다고 다짐했다. 몸과 마음이 지치기도 했고 인생 대부분의 시간을 돈 버는 일에 쓴 게 아쉬웠다. 더 늦기 전에 소비문화의 속박에서 벗어나 소박하고 단순하게 살고 싶었다. 자연 속에서 어슬렁거리며 온전히 나에게 집중하고 싶었다. 몇 년 더 일한다고 내 인생이 크게 달라질 것 같지 않았다. 그렇게 자발적 은퇴 생활자가 되었다. 그 후 이렇게 해야지, 저렇게 해야지 꿈만 꾸고 있다.

몸으로 먼저 신호가 왔다. 혈압이 높아지고 온몸이 저릿저릿했다. 얼굴, 손가락, 발가락, 종아리까지 자주 부었다. 위염도 생기고 체중도 늘었다. 고질적인 불면증은 더 심해졌다. 주치의는 살을 빼야 하는데 올 때마다 더 늘어서 온다고 야단이다. 오전을 흐지부지 보내다 대충 점심 때우고 저녁에 사람들을 만나러 나간다. 고량진미의 술과 안주를 먹고 마시고, 늦게 자고 늦게 일어나는 생활의 결과다. 마음도 온전하지 못하다. 시간을 허투루 쓰고 나를 방치하고 있다는 죄책감에 시달리고 있다.

불안도 점점 커지고 있다. 가장 큰 걱정은 돈과 건강이다. 부족한 노후 자금으로 궁핍한 생활을 살게 될까, 덜컥 병이 나면 어쩌나, 치매에 걸리면 어쩌지. 올해 결혼한 아들은 잘 살겠지. 혹여 둘이 싸우지 않을까. 경제적으로 힘들지 않을까 걱정이다. 다시 일을 시작할까. 어떻게 직업을 구하지. 나를 써주는 데가 있을까. 직장을 그만두면서 소박하고 단순하게 살아보겠다고 했던 다짐은 다 잊어버렸다.

올해 봄 우리 집은 살던 집에서 가까운 곳으로 이사를 했다. 나는 강릉으로 가고 싶었다. 작년 강릉 살아보기 경험 이후 강릉에 가서 살고 싶었다. 강릉에 가면 내가 원하는 생활을 할 수 있을 것 같았다. 기회만 되면 '강릉강릉' 했더니 남편도 좀 솔깃해하는 줄 알았다. 결정적인 순간에 남편이 아직 도시를 떠날 마음의 준비가 안 되었다고 했다. 외롭고 고립될 것 같아 불안하다고.

며칠은 불안하고 며칠은 괜찮은 생활이 널을 뛰듯 반복되고 있다. 불안을 아주 떨칠 수는 없으나 나는 불안에서 벗어나고 싶다. 부쩍 작년 이맘때 강릉 살아보기를 했던 기억이 난다. 그때 나는 아주 초롱초롱 생동감이 있었다. 앞으로 어떻게 살아야지 하는 길도 어렴풋이 보였다. 강릉 '사람책'을 만나면서 지역살이에 대한 확신도 생겼다. 걱정은 걱정만 할 뿐이라는 말도 생각이 났다. 그 경험을 다시 해보고 싶다. 계속 이렇게 살면 안 된다는 간절함이 인제와 만났다.

자작나무 숲이 나를 기다리다

자작나무 숲을 오롯이 혼자 즐겼다. 출발부터 좋았다. 운전하고 가는 동안 운 좋게도 마주 오는 차도, 뒤따라오는 차도 거의 없었다. 천천히 음악도 없이, 아무 소리 없는 고요 그 자체였다. 달맞이 숲길을 따라 걸었다. 걷다 보면 눈을 찡그리지 않을 정도의 햇빛이 나왔다. 몇 발짝 걸으면 다시 시원한 그늘. 햇빛과 그늘의 적당한 조화, 코가 살짝 매울 정도의 온도, 풀냄새, 자잘한 돌이 섞인 흙길을 사부작사부작 걷는다.

가끔 "꾸르륵 꾸르륵" 새소리가 들린다. 나도 "꾸르륵 꾸르륵" 새소리를 흉내내어 본다. 잠깐 정적이 흐르고 푸드덕, 속았다는 듯 새가 날아갔다. 피식 웃음이 났다. 멀리서 간간이 개 짖는 소리도 들려왔다. 흙길을 걷는 내 발소리가 자작자작 들렸다. 이런 시간이 필요했다. 그동안 나를 방치했구나. 안달하고 걱정만 하고 있었다. 뭔가 비워지고 가벼워지는 느낌이다.

1시간 정도를 걸어 별바라기 숲 입구에 오니 물소리가 들렸다. 계

수십만 그루의 하얀 자작나무 숲에 들어서니 탄성이 절로 났다.

곡을 따라 오르막길을 걷기 시작했다. 한참 올라온 것 같은데 자작나무 숲은 나오지 않았다. 가쁜 숨을 쉬며 계속 오르막길을 걷다 보니 어느 순간 물소리가 작아졌다. 숨을 고르려 고개를 들어 보니 어느새 수십만 그루의 하얀 자작나무 숲에 들어와 있었다. 탄성이 절로 났다. 등장이라는 말이 어울렸다. 자작나무 숲의 등장은 영화 '관상'의 수양대군 등장 신 못지않았다. 고개를 들어 보니 자작나무 잎 사이로 반짝이는 하늘이 보인다. 살랑살랑 흔들리는 초록 잎이 "잘 왔어요."라고 속삭이고 있는 것 같다.

키가 큰 자작나무는 햇빛이 닿지 않는 아래 부분의 가지를 스스로 떨어낸다고 한다. 잘라낸 곳에 난 상처가 사람 눈동자를 닮았다. 수십만 개의 눈동자가 모두 나를 바라보고 있는 것 같았다.

'기다리고 있었어.'

허리를 숙여 다리 사이에 머리를 넣고 거꾸로 숲을 보았다. 자작나무가 흔들리는 건지 내가 흔들리는 건지 몽환적인 느낌을 주었다. 자작나무를 만져보니 깜짝 놀랄 정도로 매끄러웠다. 하얀 분도 묻어 나왔다. 하얀색은 희망을 주는 색이라고 한다. 이 숲에 와서 아무런 생각도 걱정도 나지 않는 걸 보니 맞는 말인 것 같다.

숲속에 있으니 인제가 참 조용한 곳이란 생각이 들었다. 며칠 있는 동안 어디를 가나 좋았다. 사람 없고 부산스럽지 않은 곳. 인제는 땅이 넓고, 산과 계곡이 많다. 인구는 적은 곳이다. 자연이 많고 사람이 적은 곳. 딱 내가 살고 싶은 동네다. 인제군은 줄어드는 인구를 걱정하고 있다고 한다. 나는 오히려 사람이 없어서 좋았다. 당장 귀촌이 아니어도 한 달이나 두 달, 일주일씩 왔다 갔다 하는 것도 좋을 것 같다.

인제 자작나무는 심은 지 30여 년이 되었고 키는 약 30미터 정도다. 키는 거의 다 자랐고 부피 성장만 남았다고 한다. 숲속 중간 중간에 껍질이 벗겨진 자작나무가 보이고 그 옆에는 '자작나무 수피 벗김 피해목'이라는 안내 기둥이 세워져 있었다. 그 안내문을 보는 순간 내 팔에서 피부가 벗겨져 나가는 느낌이 들었다. 사람이 베이면 피가 나고 아프듯 나무들도 피가 나고 아프고 병이 든다. 어떤 생명에게도 폭

인제 원대리 '속삭이는 자작나무 숲'

원래 소나무 숲이었는데 솔잎혹파리 피해가 심해 소나무를 베어내고 1989년
~1996년에 약 70만 그루의 자작나무를 심었다. 현재 20~30년생 자작나무 41
만 그루가 밀집해 있다. 자작나무 단순림의 희소성과 하얀 수피가 주는 경관의
가치가 우수하다. 2017년 '제17회 아름다운 숲 전국대회'에서 공존상(우수상)을
받았다. 6헥타르의 자작나무 숲은 '자작나무 명품 숲'으로 지정 관리되고 있다.
자작나무는 불에 태울 때 '자작자작' 소리를 낸다고 해서 붙여진 순우리말 이름
이다. 한자로 화(華), 화촉을 밝힌다고 할 때 화촉이 자작나무 껍질을 의미한다.
옛날에 자작나무 껍질에 불을 붙여 촛불 대신 사용했다. 기름 성분이 많아 연료
로 많이 사용했고 종이 재료로도 많이 사용했다. 두드리면 금속과 같은 음이 난
다. 껍질이 희고 매끄러워서 그림을 그리거나 글씨를 쓸 수 있고 공예품의 재료
로도 사용한다. 경주 천마총에서 발견된 그림도 자작나무 껍질로 그렸다고 한다.

✚ 원대리 자작나무 숲 이용 안내

계절별 입산 시간
하절기 : 5월 1일~10월 31일 (09시~15시)
동절기 : 11월 1일~3월 1일 (09시~14시)
산불 조심 입산 통제 기간 : 3월 2일~4월 30일
휴무일 : 매주 월, 화요일

* 안전 장비 착용. 동절기 아이젠 필수

위치 : 강원도 인제군 인제읍 원남로 760
면적 : 25헥타르
주요 수종 : 자작나무
관리 주체 : 북부지방산림청 인제국유림관리소 (033)463-0044

력은 안 된다는 인식이 필요하다.

다음 날 지재미 자연 해설사를 만나 자작나무 숲에 대한 얘기를 들었다. 자작나무 숲은 인공조림 숲이다. 나무를 심을 당시 산이 헐벗어서 빨리 자라는 자작나무를 심었다고 한다. 지금은 인제를 알리는 대표적인 관광지가 되었다.

지재미 해설사는 자작나무 숲 덕분에 인제가 알려져 좋은 점도 있지만 아쉬운 점도 있다고 했다. 인제는 90퍼센트가 산이고 자연경관도 뛰어난 지역인데 사람들이 자작나무 숲만 있는 줄 안다고 했다. 설악산 하면 사람들은 속초나 양양을 떠올리지만 인제에서 가는 설악산이 그에게는 가장 매력적이라고 했다. 천연기념물과 명승지도 많

지재미 해설사는 설악산이 좋아서 설악산에서 살고 싶었다고 한다. 서른 여덟, 젊은 나이에 이곳에 온 이유다.

으며 우리나라 유일의 고층 습지인 용늪도 있다. 인제의 다양한 경관을 찾아주었으면 하는 바람이 있다고 했다. 자분자분 침착하지만 확고한 자기 생각으로 자작나무 숲과 인제의 자연을 알려주는 지재미 해설사가 궁금해졌다. 도시에서 살다가 인제에 왔다고 하는데 왜 왔을까, 어떻게 살고 있을까.

단 하루를 살아도 자유롭게

지재미 해설사의 집은 마을에서 꽤 떨어진 산중턱에 있었다. 앞이 탁 트인 전경에 뒤에는 높고 깊은 산이 있었다. 개 네 마리와 고양이 네 마리, 그리고 닭, 벌 등과 함께 살고 있다. 원래는 야생동물들의 터전이었는데 자신이 집을 짓고 살고 있다고 했다. 그래서 서로 알아가고 버티고 기다리는 시간이 필요했다.

멧돼지, 새, 오소리, 노루 등의 동물들이 이웃하며 살고 있다. 주변에 쑥부쟁이와 야생화가 피어있고 텃밭에는 다 자란 옥수수가 있었다. 나는 뒤통수를 한 대 맞은 느낌이었다.

'아, 이 사람은 인간과 모든 생명을 공동체로 생각하고 있구나.'

사람이 없는 곳이어서 외로울지 모른다는 것은 편견이었다. 집에 들어서는 순간 동물들이 집주인을 반갑게 반긴다. 지재미 해설사도 얼굴이 활짝 피며 환해졌다. 그는 자기 집을 스스로 성지라고 불렀다. 나라면 여기서 살 수 있을까 생각해 봤다. 자연 속에서 한가하게 살고 싶은 욕구는 있지만 이렇게까지 고립되어서 동물과 가족이 되어 살 수 있을까.

멧돼지와 노는 것이 재미있다는 사람. 멧돼지 말을 따라 하는 사람. 멧돼지가 먹을 옥수수를 키우는 사람. 멧돼지가 남겨주면 먹고 안 남겨 주면 안 먹어도 괜찮다고 생각하는 사람. 노루 부부의 집, 새끼를 키우는 노루네, 오소리네, 너구리네, 멧돼지의 집을 알고 있는 사람. 그는 함께 사는 반려동물에 둘러싸여 햇빛 바라기를 하고 있을 때가 가장 평화롭다고 한다. 동물 얘기를 하다가 사람들이 얼마나 무지한지, 얼마나 인간 중심인지 들려준다. 아프리카 열병이 돌았을 때 '멧돼지 전면 소탕' 정책이 나왔다. 사냥개와 사냥꾼이 동원되었는데 사

개 네 마리와 고양이 네 마리, 닭, 벌 등과 함께 살고 있는 지재미 해설사의 집

45

냥개가 멧돼지만 잡는 게 아니라 노루, 고라니, 오소리도 다 잡았다. 주민들이 항의했더니 덫을 놓고 철책을 세웠다. 동물 이동권이 막히고 물 마시는 길도 차단되었다. 그렇게 하고도 아프리카 열병을 막지 못해 아래 지역까지 퍼졌다고 한다. 인간이 저지른 일에 죄 없는 야생동물만 희생되었다. 요즘은 어린 멧돼지 한두 마리만 보인다고 한다. 멧돼지와 함께 먹으려고 옥수수를 많이 심었는데 많이 남았다고 하며 멧돼지가 남긴 옥수수를 쪄 주었다. 슬픈 사연으로 남겨진 옥수수를 먹는데 너무 맛있어서 더 속상했다.

그는 설악산이 좋았다. 설악산에서 살고 싶었다. 결혼도 설악산으로 가는 조건으로 했다. 앞뒤 생각 없이, 귀농이 뭔지, 귀촌이 뭔지도 모른 채 그냥 설악산으로 가고 싶었다. 당시 인생에서 가장 중요한 건 설악산으로 가는 것이었다. 설악산 하면 속초나 양양을 떠올리는데 왜 인제였냐고 물었다. 속초는 한적한 느낌이 없고 도시 느낌이라고 했다. 사람이 많은 곳은 싫었다. 인제는 땅은 넓고 사람은 적었다. 상대적으로 땅값도 다른 도시보다 쌌다. 그래서 인제로 왔다고 했다. 결혼 후 시아버지가 편찮으셔서 바로 오지 못하고 시아버지 돌아가시고 난 후 인제로 왔다. 그때가 서른 여덟 살. 이른 나이에 지역살이를 시작했다. 운이 좋았다고 했다.

단 하루를 살아도 자유롭게 살고 싶다. 사람도 동물도. 그래서 구속하지 않고 구속당하고 싶지 않았다. 시골에는 인적자원이 부족해서 일하자는 제안이 많이 온다. 그런데 일하고 싶지 않았다고 한다. 어딘

멧돼지와 함께 먹으려고 옥수수를 많이 심었는데 멧돼지들이 사라져 옥수수가 많이 남았다고 했다. 남겨진 옥수수를 먹는데 너무 맛있어서 더 속상했다.

가 묶이면 자유를 뺏기는 것 같았다. 적게 벌어서 적게 쓰면 된다. 전에는 3일 일하면 3일 쉬었는데 요즘에는 쉬는 기간이 더 늘었다. 나이가 들수록 쉬는 시간이 더 필요하다고 한다. 지금은 일주일에 하루만 일한다고 한다.

지역에 오면 어떻게 사람들과 관계를 맺어야 할까. 그는 1~2년은 아무것도 하지 말라고 권한다.

'다 사람 사는 곳인데 무슨 문제가 있겠어.'

하지만 도시 사람과 시골 사람의 생각이 같을 수 없다. 처음에는 자연만 바라보고 한가롭게 살라고 한다. 그러면 사람들이 말을 걸어 준다든지 일을 하지 않겠냐고 제안하는 때가 온다고 했다. 섣불리 말걸고 참견하고 이리저리 기웃거리다 보면 실수하게 된다. 그러다 도시로 돌아간 사람이 많다. 알콜에 의존하는 사람도 꽤 있다고 했다. 나는 좀 찔끔했다. 나도 알콜중독 바로 앞에 있는데 꼭 나를 두고 하는 말 같았다. 가끔은 시간이 해결하는 게 많다. 시간이 지나고 함께 나이 먹어가니 인정받는 것 같다.

'아, 맞아 저 사람은 그런 사람이지.'

지금은 성향이나 성격을 존중받고 있다는 느낌을 받는다고 한다. 지재미 해설사도 사람들이 먼저 손을 내밀어 줬기 때문에 좋았다고 했다. 나는 '야호!'하고 속으로 쾌재를 불렀다. 내가 원하는 거잖아.

그는 요즘 할머니들을 찾아가 이야기를 많이 듣는다고 한다. 인제에는 가슴 아픈 이야기들이 많다. 전쟁 이야기, 화전민 이야기 등 자칫 잊혀질 수 있는 이야기들. 할머니들이 주는 음식을 얻어먹으며 함께 울고 웃는다고 한다. 한 할머니는 피난 중 힘들게 살았던 얘기를 하면서 손을 부르르 떠셨다고 했다. 오랜 시간이 지났어도 얼마나 고생이 심했으면 지금도 치가 떨릴까.

문득 나도 인제에 내려와 할머니들과 함께 글쓰기를 하고 살면 좋겠다는 생각이 들었다. 가끔 할머니들의 글과 그림을 본다. 그때마다 늘 감동한다. 할머니의 말에는 역사가 있고 한이 있고 여성의 삶이 있다.

"내 얘기를 쓰려면 책 1권으로는 어림도 없어, 10권도 모자라."

할머니들은 꼭 이렇게 말한다. 나는 할머니들이 가슴속에 차곡차곡 쌓아 둔 얘기들이 기억되고 기록되었으면 한다. 인제에서 할머니들과 놀며 글 쓰고 그림 그리고 나도 할머니가 되어가는 모습을 상상해 본다.

인제에서 가장 좋아하는 길이 어디냐고 물었다. 필례약수터 구간을 좋아한다고 했다. 설악산 3대 단풍에 들 정도로 풍광도 아름답다. 그와 함께 걸으며 보부상, 화전민, 전쟁 희생자들의 가슴 아픈 사연을 들었다.

역사는 기억되고 기록되어야 한다

필례는 높은 곳에서 봤을 때 지형이 베 짜는 여인의 형태로 보인다고 해서 붙여진 이름이다. 필녀(匹女)가 와전되어 필례가 되었다. 일설에는 난리에 피난 와서 이룬 마을이라고 하여 피해, 피래라 부르다가 필례가 되었다고 한다. 필례약수는 1930년에 발견되었다. 탄산 약수로 오색약수와 성분이 비슷하고 피부와 위장에 좋다고 하는데 아쉽게도 지금은 운영되지 않고 있다. 영화 태백산맥의 촬영지로도 잘 알려져 있다. 필례약수터 구간은 보부상이 무거운 짐을 지고 걸었던 길, 생존을 위해 화전을 일구었던 화전민 터, 전쟁 중 젊은이들이 고지전을 겪었던 곳이다.

필례약수터 구간은 보부상이 무거운 짐을 지고 걸었던 길이다. 인제천리길 구간 중 10구간인 은비령 길에 있다.

필례는 보부상들이 영동과 영서를 이어주는 무역 거점이었다. 보부상들이 필노령 험한 고지를 짐을 지고 걸어와 이곳에서 짐을 풀고 나누어 흩어졌다. 주로 소금을 지고 다녀서 '소금길'이라고도 한다. 보부상을 '선질꾼'이라고도 하는데 지금으로 말하면 택배기사다. 짐이 크고 무거워 지게를 내려놓고 앉아서 쉴 수가 없었다고 한다. 지게 작대기를 걸쳐놓고 서서 쉬었다고 해서 '선질꾼'이라 불렀다.

얼마 전 '유 퀴즈 온 더 블록'이라는 텔레비전 프로그램에서 설악산 마지막 지게꾼을 보았다. 보고 있는 내내 지게에 짊어진 짐의 무게가 고스란히 묵직하게 전달되었다. 보부상들은 더 무거운 짐을 지고, 더 멀리, 더 높은 산, 더 깊은 계곡을, 더 극심한 고통으로, 더 오래 걸었다. 오로지 가족들을 먹여 살려야 한다는 일념으로 100킬로그램의 짐을 지고 걸었던 보부상의 애환을 생각하며 그들이 걸었던 길을 걸었다.

걷다 보면 화전민 터와 돌무더기가 나온다. 전쟁 당시 인제는 북한 땅이었다가 전쟁이 끝난 후 남한 땅이 되었다. 전쟁 전 북한 땅이었을 당시 주민 중 북으로 가지 않은 사람들은 모두 원주수용소로 보내졌다. 살던 집은 다 태워졌다.

전염병이 원인이라고는 했지만 확실한 원인은 알 수 없었다. 원주 수용소에서 사상 검증을 마치고 난민촌으로 돌아오니 가족 당 조그만 움막 한 개씩을 주었다고 한다. 한 할머니는 당시를 회상하며 그때가 가장 힘들었다고 했다. "우리는 세 식구라 그나마 살만했다."는 말 속에서 당시 삶이 얼마나 비참했는지 짐작할 수 있었다.

피난민은 집 지을 재료가 있는 곳을 찾아 산으로 왔고, 먹고 살려고 화전을 일구어 화전민이 되었다. 두 평 땅을 태워서 돌을 고르고 나면 한 평, 그나마 3년 농사를 지으면 다른 곳으로 옮겨가야만 했다. 자식들 먹여 살리느라 등골이 빠졌을 여성들을 생각해 본다. 당시 화전민 중에 새참을 나르는 일이 제일 힘들고 고통스러웠다고 말하는 사람이 있는데 그분이 1963년 생이라고 한다. 불과 멀지 않은 우리

이곳은 치열했던 전쟁터로 기록되어 있다. 아직도 여기저기서 군인들의 유해와 불발탄들이 발굴되고 있다.

들의 역사이다.

지재미 해설사가 가방에서 사진을 꺼내 보여 주었다. 사진에는 자연에서 자란 버섯과 함께 찍힌 불발탄이 있었다. 이곳은 치열했던 전쟁터로 기록되어 있다. 시신이 많이 있을 것으로 추측되어 2014년부터 유해 발굴도 하고 있다. 유해가 발굴되었고 포탄은 아직도 여기저기 많이 있다고 한다. 젊은 군인들이 이곳에서 밀고 밀리며 전쟁을 했다. 말로만 들었던 고지전. 걷기도 힘든 높은 산, 깎아지르는 절벽, 심하게 경사진 산에서 어떻게 싸웠을까. 그들은 얼마나 두렵고 무서웠을까.

지재미 해설사는 이런 역사 속에서 힘들게 살아간 사람들의 이야기를 알려주고 싶다고 했다. 꽃 이름, 나무 이름도 좋지만 묻혀 있었던 이야기를 들려주고 싶다고 한다. 인제는 아픈 역사가 있는 곳이다. 전쟁 중에 많은 사람이 죽었고 사상 검증에서도 자유롭지 못했다. 전쟁 전에 북한 땅이었다, 북한과 가깝다, 북에서 피난 왔다, 살아남았다는 이유로.

지금에서야 할머니들이 조금씩 지난 이야기를 들려주고 있다. 할머니들이 돌아가시면 역사는 모두 묻혀 버릴 것이다. 자연의 아름다운 광경을 보고 있으면 '아, 나는 축복 받은 인생이구나' 하는 생각이 들며 자기도 모르게 눈물이 난다고 한다. 보부상, 화전민, 죽은 젊은 군인들을 생각하며 길을 걸으면 또 눈물이 난다고 했다. 아픈 역사, 힘들게 살았던 사람들을 기억하며 우리는 앞으로 제발 꽃길만 걷자고 했다. 그 목소리가 슬프게 들렸다. 나도 가슴이 먹먹했다.

인제천리길, 사람·문화·경관의 길

인제군은 분단으로 나누어지고, 소양호로 옥토가 수몰되고, 고원지대 수천만 평이 훈련장으로 포장길로 되는 아픔이 있는 지역이다. 옛길을 찾아 잇고, 차도로 밀려난 사람 길을 만들어 가고 있다. 천연보호구역 11개에서 세 군데가 인제에 있을 만큼 가는 곳마다 절경이고 생명의 텃밭, 평화의 상징이 있고 의로운 역사가 무궁무진한 인제. 그 흔적을 걷는 길 34개 구간 460킬로미터 구간이 인제천리길이다. 필례약수터는 인제천리길 구간 중 10구간인 은비령 길에 있다.

나에게 인제는 '한가하고 여유로운 곳'이었다. 소란스럽지 않아서 좋았다. 아침에 마을을 산책하는데 논 모퉁이에 해바라기와 코스모스가 피어있다. 누렇게 익은 벼보다 꽃이 눈에 들어왔다. 나도 나중에 텃밭 가장자리에 꽃을 심어야지 하고 생각해 본다. 도시 사람 티를 팍팍 내며 선선해지는 아침을 느낀다. 도시에서는 해가 중천에 떠야 일어난다. 진한 커피를 마셔야만 간신히 정신을 차린다. 여기서는 저절로 이른 아침에 눈이 떠졌다. 아침 산책. 얼마 만에 느껴보는 아침인지.

정성헌 한국DMZ평화생명동산 이사장은 "여행은 사람을 만나는 것"이라고 했다. 이번 여행은 사람을 만나는 여행이었다. 냇강마을 박수홍 대표는 "인제에 와서 살면 '완벽한 삶'이란 이런 것'이구나 알게 된다."고 했다. 저축은 못 하지만 빚은 없이 살 수 있다고 했다. 앞으로 어떻게 살아야 할까 길도 보인다고 했다.

자연 해설가 지재미 씨는 "진심으로 원하는 걸 하면 나머지는 자연스럽게 따라온다. 너무 애쓰지 말고 원하는 인생을 살라."고 했다. 여기서도 몇 번이나 실패했고 고생이 많았다는 신월리 달 뜨는 마을의 손영식 이장은 그래도 행복하다고 했다. 내가 만난 '사람책'들은 대부분 인제에 연고가 없고 도시에서 살다가 귀촌한 사람들이다. 그들은 하나같이 말한다. 이곳 생활에 100퍼센트 만족한다고.

그 말 속에서 진심이 느껴진다. 나도 그 진심에 슬쩍 편승해 보고 싶다. 불안은 어디에도 있다. 인생은 불투명하지만 여기 인제 사람들

도시와 시골의 완충지역. 처음에는 비무장지대가 넓겠지만 차츰 내 맘속의 비무장지대는 작아질 것이다. 해질녘 소양호를 배경으로 한 필자.

이 행복해 보였다. 도시에서는 주로 소비를 한다. 경제적인, 문화적인 시간적인 소비로 인생을 흘려보내고 있다. 여기서는 적은 돈으로 삶의 질이 높은 생활을 할 수 있을 것 같다.

배타성을 걱정한다. 배타적인 건 상대적이다. 인간은 시간이 지나면 어디서나 익숙해진다. 어디나 틈이 있고 그 틈으로 빛이 들어온다. 식당에 가면 우리는 "저기요, 여기요, 사장님"하고 사람을 부른다. 프랑스에서는 눈이 마주칠 때까지 기다려야 한다고 한다. 우리는 프랑스에 가면 그 매너를 지킬 것이다.

지역도 그렇다. 도시 문화와 시골 문화, 옳고 좋은 기준은 없다. 어떻게 해야 관계를 잘 맺을 수 있을까 생각해본다. 인제와 북한 사이에는 비무장지대가 있다. 전쟁이 없는 완충지역. 마음속에 비무장지대를 만들어 본다. 도시와 시골의 완충지역. 처음에는 비무장지대가 넓겠지만 차츰 내 맘속의 비무장지대는 작아질 것이다.

내가 꿈꾸는 노년의 이미지는 커다란 나무 아래 평상에서 동네 할머니들과 두부김치에 막걸리 마시는 모습이다. 해가 떨어지기 시작하면 할머니들이 약속이라도 한 듯 동네 정자에 모인다. 누군가는 슬리퍼를 질질 끌고, 노인 유모차에 의지해서, 누군가는 아픈 무릎 때문에 휠체어를 타고 나온다. 그중에는 유일하게 미혼인 내 오랜 친구도 있다. 약속하지 않아도 각자 뭐라도 하나씩 가지고 나온다. 김치, 막걸리, 두부 등. 이제 독한 소주를 먹지 못함에 슬퍼하지 않는다. 막걸리라도 마실 수 있음에 감사하며 매일매일 '위하여'를 외친다.

어떤 날은 싸움박질하고 어떤 날은 뒤뚱뒤뚱 춤을 춘다. 모두 독기 빠진 말랑말랑한 할머니들이다. 총기는 오래도록 남아있기를 간절히 바란다. 그 이미지를 실현해야 할 때가 오고 있다. 꿈이 꿈으로 끝나지 않으려면 지금과는 다르게 살아야 한다.

김미정

약사, 사회복지사, 지역살이 기록가. 《강릉에서 살아보기》 공동 저자. 마산 출신이지만 거제, 제
주, 남원, 강릉에 이어 인제까지 지역 살아보기는 현재 진행형. 검푸른 새벽과 바닷물에 반짝이는
윤슬을 좋아한다. 예쁜 모자 앞에서 무장해제 되며, 글자와 글자 사이 그리고 사람들의 이야기에
집중한다. 미병 상태에서 건강으로 건네주는 '브릿지김약사' 브로치를 달고 다니는 신중년.

냇강두레농업협동조합·신월리 달뜨는 마을

인제에 스며들다

내 삶에 불쑥 들어온 '노노(老老)케어'

지난여름 우리 집에 폭탄이 떨어졌다. 월남전 참전용사인 아버지는 고향 마산에서 어머니와 함께 단둘이 살고 계신다. 어둠이 내리고 대지가 잠을 청할 무렵이면 아버지의 머릿속을 꽉 채우는 건 베트남의 밀림 속이다. 네이팜탄이 터져 칠흑 같은 주변이 밝아지면서 살점이 튀고 피가 강물을 적시던 그곳 말이다. 그럴 때면 아버지는 엄마 몰래 비밀 장소에 숨겨둔 술을 꺼내 밤새도록 기억에 마취를 한다. 자신을 믿고 베트남으로 온 조카를 보호하기 위해 본부에 두고 정찰을 나갔건만 그곳이 밤새 집중포화를 맞아 형체도 없어졌던 그때로. 오십 년이 더 된 그 기억들이 현실보다 더 생생하게 살아난다.

작년에 아버지를 요양병원에 모셨다. 두 번째다. 여든이 넘은 엄마가 감당하기엔 너무 힘들어서 두 분 모두를 위한 결정이었다. 입원 수속을 마치고 들고 온 가방을 병원 직원에게 건네고 돌아서는데 아버지가 내 귀에 대고 속삭인다.

"나 여기 혼자 두고 가진 마라."

울컥했다.

"곧 모시러 올게요."

병원으로 모시기 전 아버지와 강원도 여행을 다녀왔다. 양구의 박수근미술관에서 박 화백이 미술계의 횡포로 인한 스트레스 때문에 과음해서 간경화로 세상을 떠났다는 설명을 들은 아버지는 "남 일 같지 않다."며 한 마디 하셨다. 박수근 화백이 그린 '도마 위의 굴비' 그림이 10억 원이 넘는다는 이야기를 듣고는 입맛을 다셨다.

"안주치곤 좀 비싸다. 한 마리에 5억이네."

백담사 입구의 한 식당에서 군 사병 할인업소라는 문구를 보시곤 떼를 쓰기도 했다.

"한 번 군인은 영원한 군인이다. 나도 할인해 주라."

그래도 십이선녀탕 입구의 가게에서 개울물에 발을 담그고 칡차 한 잔하면서 행복해 하셨다. 30년 군 생활을 하신 아버지는 3개월의 병원 생활도 착실하게 마치고 딸 집으로 왔다. 아버지의 서울 지역살이가 시작된 것이다. 오전엔 주로 컴퓨터 게임을 하거나 책을 보고, 시간이 나는 대로 서울 시내를 다녔다. 아버지가 제일 관심을 보인 곳은 종로 3가 5번 출구. 파고다공원 담을 따라 길게 늘어선 '장기 거리'다.

장기 두는 상대와 함께 게임에 빠지는 아버지를 길 건너 인사동의 나무 그늘 아래에서 지켜보았다.

나의 인생 이모작 설계에 '노노(老老)케어'는 없었다. 어느 순간 갑자기 아버지, 어머니가 내 세계 중심에 무겁게 들어왔다. 약간 혼란스러웠다. 차라리 아버지를 모시고 조용한 지역으로 내려가서 사는 게 낫지 않을까?

100세 넘는 분이 많고 치매 어르신이 없다는 남원의 하주마을이 떠올랐다. 산책하기 좋은 솔숲과 바다가 있는 강릉의 조그만 집도 생각났다. 그러나 아버지는 "내 집으로 빨리 돌아가고 싶다."고 하셨다. 다행히 아버지 상태도 많이 좋아지셨고 어머니도 건강이 나아져서 그러기로 했다. 지금은 고향 집에서 '데이케어센터Day Care Center'에 다니면서 재미있게 지내신다.

짧은 연대를 경험한 아침

태풍 난마돌의 예고가 있던 날, 인제를 찾았다. 집에서 동서울터미널로 가는 지하철을 타러갔다. 엘리베이터가 보이지 않아 까마득히 보이는 계단으로 짐을 힘겹게 끌고 가는데 뒤에 오던 젊은이가 짐을 번쩍 들어주고선 바쁜 출근길을 재촉했다. 미처 인사를 나눌 틈도 없었다. 조금 걸어가는데 오른쪽 구석에 가슴을 움켜쥐고 고개를 숙이고 서 있는 아가씨를 발견했다. 다가가서 물어보니 숨이 쉬어지지 않는다고 했다. 응급상황에서 순간 가방 속 아로마가 떠올랐다. 페퍼민트와 라벤더, 윈터그린 성분을 손등에 발라주면서 호흡을 깊게 해보라고 했다. 조금 안정이 되는 것 같아 병원에서 꼭 체크하기를 당부하고 내 길을 갔다. 짧은 연대를 경험한 아침이었다. 사람 사이의 헤어짐도 여러 가지, 연대와 부축도 다양한 모습이리라. 순간 톨스토이의 세 가지 질문이 떠올랐다.

"당신에게 제일 중요한 사람, 일, 시간은 무엇입니까?"

지금 바로 여기 나의 조그만 도움이 필요한 사람을 돌아보며 같이 살아갈 방법을 찾는 것. 이것이 우리가 이 세상에 온 이유라고 현자는 대답한다.

버스로 한 시간 반쯤 달리니 38휴게소가 나왔다. 소양강이 눈에 익을 무렵 인제터미널에 도착했다. 찬물로 막 샤워를 하고 떠나온 지 두 시간도 안 되었건만 인제의 거센 바람은 인정사정없이 머리카락을 마구 뒤집고, 차가운 공기가 총알처럼 살갗을 파고든다.

산을 좋아하는 나와 남편은 봄에는 꽃 산행, 여름에는 계곡 산행, 가을에는 단풍 산행, 겨울에는 눈 산행을 즐긴다. 그중 백미는 아침 가리계곡 산행이다. "인제 가면 언제 오냐."고 묻는 인제. 인제에는 산도 많고, 물도 많고, 군인도 많다. 나는 인제에 스며들어 가만히 머물러 보기로 했다.

일몰 즈음의 소양호 모습

사과가 익어가는 냇강마을

인제 스밈여행은 냇강마을에서 사과 따는 체험으로 시작했다. 사과밭으로 가는 길엔 새하얀 부추꽃이 하늘거리고 제 역할을 다한 빛바랜 수국은 그 모양대로 늙어가고 있었다. 기후 변화로 사과의 북방한계선이 인제까지 올라왔다. 파란 하늘 아래 빨간 홍로와 아직 때 이른 부사가 제멋대로 빛나고 있다. 적당한 크기와 빛깔 고운 사과를 골라 비틀지 않고 하늘 방향으로 꺾어 들면 어렵지 않게 사과가 내 손아귀로 들어온다. 사과를 보면 멀리서 뛰어온다는 소가 부러워지는 순간이다. 싱싱한 홍로는 크기와 상관없이 입맛을 돋웠다.

냇강마을 들꽃사랑센터를 찾았다. 센터로 가는 길엔 자작나무가 하얗게 분칠하고서 방문자를 반겨주었고, 곧이어 등장한 블루베리 나무가 들판에 보기 좋게 늘어서 있었다. 센터 옆에는 진흙밭에서 제 존재를 드러내는 연꽃과 땅에 깔린 듯 착각을 일으키는 낮은 데크가 눈에 들어왔다. 앞쪽으로는 금강산에서부터 흘러내려온 물이 냇강으로 힘차게 흘러가고 있었다.

'냇강'이란 냇물보다는 규모가 크고 강보다는 작다는 뜻으로 마을 청년이 만든 이름이다. 옛날엔 인제에서 생산된 목재를 뗏목에 실어 북한강 쪽으로 내려보냈다고 한다. 들꽃사랑센터 2층에서 바깥을 내다보니 코스모스와 금계국이 지천으로 피어 서로가 경쟁하면서도 자유롭게 자태를 뽐내고 있다.

태양 빛을 닮아, 보기만 해도 입안에 군침 도는 홍로가 냇강마을의 사과나무마다 풍성하게 달려 있다.

창문 너머로 펼쳐지는 가파른 대암산 자락에 정답게 자리를 잡은 마을의 모습은 영락없는 스위스 어느 마을의 풍경이다. 인제는 해방 이후 북한 지역이었다가 전쟁을 거치면서 1954년까지는 사람이 살지 않았다. 남쪽 사람들을 받아들여 출입 영농을 시작하면서 1960년대부터 학교가 생겨났고, 1980년대에 정식으로 마을이 생겼다.

들꽃사랑센터에서 먹는 밥은 환상이다. 무가 듬뿍 들어간 뽀얀 황탯국에 송이호박나물, 두부조림, 감자볶음, 고등어구이, 싱싱한 채소와 들깨감잣국. 밥 먹기 위해서라도 냇강마을에 오래 머물고 싶다는 생각이 들었다. 냇강마을에 머물고 싶은 사람은 들꽃사랑센터에서 2킬로미터 떨어진 '냇강펜션'을 이용하면 된다. 한달살이 숙소 가

냇강마을 들꽃사랑센터 앞 연꽃 공원. 데크가 낮게 깔려 있어 생태 체험하기 좋다. '냇강'이란 냇물보다는 규모가 크고 강보다는 작다는 의미다.

격이 10월부터 3월까지는 70만 원, 4, 5월은 60만 원이다. 성수기엔 단체 손님이 많아 숙소에 여유가 없다고 위재녀 냇강두레농업협동조합 사무장이 귀띔한다. 냇강마을에는 계절별로 해볼 수 있는 체험활동이 많다. 봄에는 산나물 채취, 장 만들기, 여름엔 블루베리 따기, 냇강 생태체험, 가을엔 사과 따기, 꽃차 만들기,겨울에는 청국장 만들기, 연날리기. 그 외에도 연중 도자기 만들기. 수수부꾸미 만들기 등 많은 프로그램이 진행된다. 이 마을에서 DMZ의 개념은 달라진다. Delicious, Moving, Zero waste.

유학 마치고 시골로 온 바보, '미실이'

마을기업인 '냇강두레농업협동조합'의 중심엔 박수홍 대표가 있다. 이곳에서 태어나 공부를 위해 외지에 나갔다가 20년 만인 34세에 귀향했다. 해외유학까지 보낸 아들이 시골에 내려와 산다는 이야기에 자식의 장래와 결혼을 걱정한 부모는 크게 반대했지만 아들은 반대를 무릅쓰고 마을 이장을 맡았다.

2009년에는 농촌체험마을경연대회에 80명의 마을 사람들과 함께 참가해, '숯가마등치기놀이'를 재연, 1등의 영예를 안았다. 농촌 지역의 문화와 전통을 계승해야 한다는 주장이 받아들여진 것이다.

자신의 공부 뒷바라지를 하느라 조상 대대로 물려받은 땅 절반이 사라졌다는 부채 의식 때문에 더 열심히 마을 공동체를 위해 헌신했다고 한다. 중국과 일본의 삭막한 도시에서 겪은 삶의 체험 후에 그는 농촌 마을이 경영적으로 자립할 수만 있다면 오히려 사람답게 여유로운 삶을 누릴 수 있다는 판단이 섰다.

벼농사가 평당 3,000원의 수익이 나지만 고추는 1만 원, 블루베리는 최하 1만 5,000원의 수익을 안겨준다. 본인이 직접 판매까지 한다면 수익은 그 이상이 된다. 그래서 아들의 권유로 블루베리 농사를 짓고 대부분을 체험학습으로 운영하고 있다.

박 대표는 도시의 사람들에게 '냇강두레농업협동조합' 가입을 권한다. 20만 원이면 회원이 될 수 있고 가입과 탈퇴도 자유롭다. 귀농을

'냇강두레농업협동조합' 박수홍 대표(오른쪽)가 관계인구와 마을 기업에 대해 설명하고 있다. 사진 왼쪽이 필자.

하더라도 땅을 사지 말고 저렴한 임대로 해서 같이 공동으로 운영해보길 권유한다. 실제로 이 마을의 경우 평당 2,000원 정도에 땅을 임대할 수 있다고 한다.

큰아들 박선현 씨도 이 마을을 지키는 청년 농부다. 박 대표는 아들을 곁에 두고 싶어 의도적으로 농고를 보냈다고 한다. 처음엔 불만이 많았지만, 시간이 지나면서 행복하게 사는 아버지의 모습에 저절로 그 삶을 이어받게 되었다. 여름까지는 블루베리 농사를 하고, 겨울철엔 커피숍이나 일식집에서 아르바이트를 하며 산다. 그의 곁엔 뜻을 같이하는 여자친구도 있어 아버지는 행복한 표정을 쉽게 감추지 못한다.

박 대표는 집에서 '미실이'라는 별명으로 불리기도 한다. '미실이'는 강원도 말로 바보라는 뜻이다. 실컷 바깥에서 공부한 아들이 다시 고향으로 내려와서 사람들과 갈등 없이 어울리며 활동하는 것을 보고 박 대표의 부모가 직접 지어준 별명이다. 사람좋은 웃음을 지으며 마을의 희망을 만들어가는 박 대표에게 '미실이'는 너무 잘 어울리는 별명 같다.

두 부자와 이야기를 나누다 보니 서로 맞장구치는 것이 수준급이다. 아버지는 아들을 "마음이 순수하고 맑다."고 하고 아들은 아버지를 "친구 같은 영웅"이라고 한다. 아들 말대로 아버지 박수홍 대표는 넉넉하고 온전한 삶을 냇강마을에서 누리고 있었다.

'달 뜨는 마을'에 소가 떴다

우리 삶에 어떤 존재가 온다는 것은 우연이 아니다. 신월리 달 뜨는 마을에 소가 찾아온 연유도 그렇다. 그곳엔 손영식 이장과 김경림 사무장이 있다. 2022년 6월에 '동물해방물결'과 '소 보금자리 협약식'을 맺었고 10월에 폐교인 신월분교에 소 6마리가 왔다. 그리고 동물권을 주장하며 같이 행복하게 살자는 청년회원들이 이 마을 주민으로 계속 들어올 예정이다.

달 뜨는 마을의 아침은 바리톤 급의 소 울음소리로 시작된다. 3,000

달 뜨는 마을, 신월리의 손영식 이장(오른쪽)이 마을회관앞 뜰에서 신월리 마을에 대해 설명하고 있다. 사진 왼쪽이 필자.

여 두의 소가 있는데 소 6마리가 온다는 것은 별 이슈도 아닐 수 있다. 그런데 청년과 새로운 일거리들이 따라 들어 온다면 이야기는 달라진다. 손 이장은 정성헌 한국DMZ평화생명동산 이사장과 동물해방물결의 청년들이 찾아왔을 때 '황당했다'는 표현을 썼다. 젊었을 때 무턱대고 소를 27마리 키웠다가 가격폭락으로 망한 기억이 떠올라서다. 그 이후 버스 운전사로, 집수리 기사로 일하고 번 돈으로 또 소 20마리를 샀다가 광우병에 걸린 소를 모두 땅에 묻었던 괴로운 경험도 갖고 있다. 그러나 청년들을 만나고 마음이 바뀌었다. 순수하고 열정적이며 겸손한 태도에 반해 오히려 마을 어르신들을 설득했다.

이야기를 나누는 중에도 지나가던 청년회원의 이름을 부르며 친근하게 대했다. 손 이장의 유머러스하면서도 따뜻한 마음이 마을 어르신과 젊은이를 잇는 가교 역할을 하는 것 같다. 청년들은 서울 또는 다른 지역에 기반을 두고, 이곳에 와서는 학교 관사에 머물면서 글 쓰고, 영화 만들고, 사진 찍으면서 지낸다. 주민들과 부딪칠 일이 없이 잘 살아가는 모습이 보기에도 좋다.

낮에는 고추와 옥수수 농사, 밤에는 마을 일과 회의를 하느라 바쁜 와중에도 마을 앞에 보이는 소양강 둘레길 조성에도 열심인 손 이장. 일을 더 늘리면 이혼한다는 아내의 협박에 눈치가 보인다며 너스레를 떤다. 신월리 농사 일에도 이장의 리더십이 발휘된다. 옥수수나 고추를 심을 때 시간 간격을 둠으로써 출하도 한꺼번에 몰리지 않도록 했고 농산물의 택배나 판매에도 많은 신경을 쓰고 있다. 7월에서 11월까지 옥수수, 고추 출하기엔 사람의 손길이 부족하다.

달 뜨는 마을은 새농촌건설운동 경연대회에서 최우수상으로 받은 상금 5억 원으로 체험관과 숙소를 지었다. 50여 가구가 거주하는 이 마을에 빈집은 거의 없고 한달살이나 더 머무르길 원하는 사람은 마을 숙소를 한 달 50~60만 원 정도에 이용할 수 있다고 한다. 김경림 사무장을 통하면 모든 도움을 받을 수 있고 감칠맛이 나는 감자전과 들깨감자국 레시피도 덤으로 배울 수 있다. 마을 체험관에서는 나무 곤충 만들기, 소양호 카누, 민물새우 잡기 등의 프로그램이 있다. 손영식 이장은 옥수수 하면 신월리라고 힘주어 말하며 직거래를 부탁했다.

내 휴대전화 메모장엔 별 보기 명소가 여럿 저장되어 있는데 거기 없는 기막힌 곳을 인제에서 발견했다. 신월리 달 뜨는 마을 체험관 앞 마당. 가로등을 하나 둘 끄면 유성도, 은하수도 골목 골목에서 다 튀어나온다. 밤이 깊어갈수록 별 숲은 더 무성해진다.

소양강 둘레길을 걸으며 삶을 만나다

많은 사람들이 소양강 하면 춘천을 먼저 떠올린다. 그러나 소양강은 인제에서 시작되어 서쪽으로 흘러간다. 소양강 둘레길을 걸어보고 싶어졌다. 하늘길과 내린길로 나뉘는데 하늘길이 조금 더 길다. 체력과 장비가 준비된 사람은 하늘길을 도전해보면 좋다.

소양강 둘레길은 살구미 다리와 인제대교 사이에 3개 코스가 개발되어 있고 또 각 구간마다 조금 편하게 걸을 수 있는 내린길과 등산코스인 하늘길로 나눠진다. 우리는 3코스 전체를 다 걷진 못하고 1코스 중 내린길을 걷기로 했다. 하늘길은 해발 600미터의 산을 넘어가야 하는 8.5킬로미터의 길이고, 내린길은 6.5킬로미터다.

시작점인 살구미 코스에서 우연히 만난 남북2리 이순녕 이장이 다리를 같이 건너면서 이야기를 들려준다. 살구미란 이름은 오래전 강물 밑바닥에서 사금이 나와서 사금, 살금하다가 살구미라는 마을 이름이 됐다고 한다. 이 길을 따라 학교에 가고 장에도 다녔는데 뗏목을 타고 줄을 잡고 건너가다가 물이 넘치면 책이 젖어 학교 복도에서 선생님과 같이 책을 말리던 추억들을 들려주었다.

둘레길을 걷다 춘향골 근처에서 특별한 분을 우연히 만났다. 나무에 걸려있는 '바깥'이라는 글귀를 보면서 강쪽으로 내려갔더니 마당에 앉아 차를 마시는 주인장이 보였다. 주인장은 우리를 반겨 맞으며 차를 권했다.

"인제군에서 열렸던 '더불어 숲학교' 시민 강좌를 마치고 난 뒤, 교장이었던 고(故) 신영복 선생님과 함께 이곳에 서당을 지어 인문학교를 만들고 싶었죠. 갑자기 선생님이 소천하시고 저만 혼자 여기 어설프게 남아 살고 있답니다."

소나무 가지에 걸린 '더불어 술학교' 팻말이 허공에 외롭게 흔들리고 있었다. '숲'을 만들지 못한 허전함을 '술'로 달래고 있는 것 같았다. 조금 더 있다 가라고 하는 주인장의 눈빛 속 외로움을 애써 모르는 체하며 다시 길을 나섰다. 돌탑이 늘어선 길을 지난다. 수백 년도 더 된 적송과 어울려 돌탑으로 만들어진 서낭당을 지나면서 나도 모르게 소원을 빌고 있는 자신을 발견했다. 숲길에서 만난 강아지는 주인 옆에서 꼬리만 뱅뱅 돌리며 반가운 눈치를 보낸다. 거친 돌을 피해서 걸으며 간간이 떨어져 있는 돌밤에 군침을 삼키면서 내린길로 접어든다.

굽이굽이 소양강 둘레길을 알리는 나무지킴이가 이빨을 드러내며 활짝 웃음을 건네준다. 사람의 손길이 드문 거친 길들이 마음을 더 편안하게 안아준다. 소류정으로 내려오니 멀리 인제대교가 보이고 터널 위에 '인제'라는 글씨가 반갑다. 하늘엔 고래 구름이 새끼를 데리고

소양강 둘레길에서 만난 아기 고래와 엄마 고래 모습의 구름.

느릿느릿 떠 가고 있다. 인제 사람들이 아끼고 보존해준 깨끗한 물을 서울 사람들이 안전하게 마시고 있다.

평화와 생명의 기운이 깃든 땅

한국DMZ평화동산에서 하룻밤을 자고 일어난 아침, 아버지에게서 전화가 왔다. 인제에 있다고 하니 대뜸 한 마디 하신다.

"뭐하러 갔노? 전쟁하러 갔나?"

"올 땐 몰랐는데 와서 보니 평화를 찾아온 것 같아요."

인제에서는 터미널에서, 식당에서 군인들과 자주 마주치게 된다.

도로에서도 태극기를 꽂은 채 훈련하는 탱크들을 흔히 볼 수 있다. 평화와 생명의 땅 인제에서 나는 아버지 생각을 했다. 베트남 낯선 땅에서 바로 눈앞에서 죽어가던 조카와 동료 병사들이 지금도 떠 오른다는 아버지. 참혹한 전쟁의 기억을 안고 사시는 아버지를 인제로 모셔오고 싶다. 상처로 얼룩진 그 가슴에 따뜻한 평화와 생명의 기운이 깃들었으면 좋겠다. 지금도 인제에서는 전사자의 유해가 발굴되고 있다. 전쟁 같은 삶을 살아가고 있는 사람이 어디 한 둘인가. 아픈 상처를 안고 살아가는 영혼들이 인제에서 위로와 활력을 찾았으면 좋겠다.

떠날 시간이 되니 스쳐 지나간, 소외된 인제의 모습들이 내 마음을 안타깝게 했다. 겉으로 보기에 인제는 설악산이라는 천혜의 자연환경에 둘러싸여 있고, 금강산에서 맑은 물이 흘러와 척박한 땅을 적시며 한강으로 흘러가는 곳이다. 그곳에서의 삶은 어떠한가? 소 두 마리가 일구는 논에서 '겨리소리'하는 농부, 세 평을 태워 한 평의 밭을 만들었던 화전민 아낙들, 죽음의 공포와 두려움 속에 전쟁 속을 걸었을 병사들. 강물 속에 어린시절의 추억과 삶들을 묻어야 했던 소양강 주변 사람들이 안개처럼 떠올랐다 사라지다를 반복한다. 사람이 주는 여운은 오래간다.

"도시에서 사람들이 오면 물어보는 건 많은데 도대체 그 사람들은 무엇을 하고 살았는지 궁금해요."

인제 살아보기 마지막 밤을 압도한 신월리 김경림 사무장이 생각

달 뜨는 마을의 김경림 사무장. 열아홉 살에 시집와 아이 셋 낳고 키운 이야기가 인상적이었다. 활동적이고 사려깊은 그녀의 앞으로 행보가 궁금해졌다.

나서 빙그레 미소가 지어진다. 주민 80퍼센트 이상이 친척인 마을에 열아홉 살에 시집와 아이 셋 낳고 키운 이야기. 어린 막내를 업고 뜨거운 칼국수를 끓여 40분 걸어 참 나르던 시절, 젓가락을 안 가져와 아이 내려놓고 뛰어갔다 오니 다 드시고 그릇 포개놓은 것을 보고 서러움에 도망가버릴까 하다가 집에 아이 둘이 있다는 생각에 정신이 들었다고 한다.

송이 수확이 한참인 가을엔, 소나무 아래 낙엽더미를 손으로 꾹꾹 누르다 뱀 머리를 만지고선 소스라치게 놀라기도 했다. 나보다 한참 어린 사람이 겪은 일이라고 믿기 어려울 것 같은 이야기가 영화처럼 펼쳐진 밤이었다.

'아! 누구의 삶이나 서럽고 지치는 시간이 존재하나 보다.'

지역살이를 계속하면서 느끼는 변화 한 가지를 든다면 모든 것이 가볍고 경쾌하다는 것이다. 조그만 일도 감사하고 사랑스럽다. 며칠 전 집 근처 양재천에서 산책을 하다가 눈에 들어온 정갈한 하늘에 뜬 초승달 하나에도 얼굴이 환해졌다. 어릴 때 받았던 종합과자선물 세트보다 더 즐거운 지역에서 살아보기. 자연을 더욱 가까이 할 수 있는 시간에다 그 지역의 보석같이 빛나는 사람들을 만날 수 있는 보너스까지 가져갈 수 있다. 지금 나의 삶은 그래서 충만하다.

노윤경

꿈꾸고 이루는 것을 좋아한다. 11살에 영어를 만나며, '저쪽 세상'에 대한 호기심이 생겼다. 세상을
훨훨 날아다니며 영어로 전세계 사람들과 친구가 되고 싶다는 꿈도 그때 생겼다. 40년 지난 지금,
국내외를 다니며 사람들과 소통하고 세상을 배울 때 제일 신난다. 국제인증 마스터코치(MCC)로
한국을 넘어 글로벌 판을 벌이고자 하는 리더들의 삶과 일 그리고 영어를 코칭한다.

한국의 스위스, 인제 '팬슈머'가 되다

느린 걸음으로 하루하루를 채우다

"왜 이제야 오셨어요?"

건강검진 결과를 바라보며 의사가 말했다. 설마 했던 일이 내게 일어났다. 예상치 못한 때 내 삶이 끝날 수도 있겠구나.

'왜 나야, 왜 하필 지금?'

탄식이 나왔지만 한 번으로 끝내기로 했다. 나는 서둘러 수술을 받았고 다행스럽게 경과가 좋아서 3주 후 퇴원할 수 있었다. 퇴원하는 날 나는 희망에 찼다.

'다 끝났다, 앞으로 잘 살자.'

하지만 일상은 더 어려웠다. 의료진이 내 옆에 없으니 매 순간 '나 홀로서기'였다. 밥을 차리다 지치고, 먹다 지쳤다. 처음 한 달은 식사

직후 매번 침대에 뻗었다. 몸을 쉬며 그저 기다려야 했다. 좌절하고 자신감 잃은 내 마음을 보듬었다.

예전과 똑같이 살면 똑같은 결과가 나온다. 다른 결과를 위해서 매일 명상과 요가, 운동을 시작했다. 운동을 하며 자주 비명을 질렀고 끝나면 침대에 쓰러졌다. 하루 16시간 일하던 습관을 하루 2시간으로 줄였다. 매출이 치솟아 막 법인 전환했던 회사가 이내 반토막이 되었다. 허나, 서두르면 탈이 난다. 내가 원인을 만들었으니, 그 결과도 내 몫이다. "이 또한 지나가리라."를 날마다 되뇌었다.

3개월마다 찍는 CT는 몸 상태를 수치로 확인하는 '중간고사'이다. 성적이 좋아야 하지만, 그건 내가 원하는 삶의 최소치일 뿐이었다. 나는 행복한 인생 후반부를 담당할 습관들—심신의 건강, 사랑과 우정, 돈, 일, 여가 생활—을 만들기 시작했다. 버킷리스트에도 집중했다. 50살이 되던 해에 《트루 셀프 코칭(True Self Coaching)》이라는 책을 썼다. 세상 느린 걸음으로 꾸역꾸역 하루하루를 채웠다. 조금씩 삶이 가뿐해졌다.

수술 후 5년을 꽉 채운 어느 봄날, 주치의는 내게 '완치'를 선언했다. 수술을 마치고 퇴원했을 때처럼 완치 판정을 받고난 후의 상황도 내 기대와는 달랐다. 코로나라는 '복병'을 만났다. 면대면 강의와 코칭 시장이 직격탄을 맞았다. 병으로 반토막 났던 회사가 또다시 반토막이 났다. 지난 30년 가까이 해마다 짧게는 한 달에서 길게는 석달 정도 해외에서 보냈던 내게 '출국 금지령'이 떨어졌다. 하지만 이제 큰 문제가 되지 않았다. 죽네 사네 하며 5년을 보내고 나니 내게 코로나는 그저 '껌'이다.

일도, 출국도 어렵게 되자, 이 참에 아예 짐을 싸서 제주도로 내려가기로 했다. 내게 제주는 친근한 곳이었다. 30년 가까이 출장과 여행 그리고 봉사로 제주도를 수십 차례 오갔고 자주 시간을 보냈던 곳이다. 제주의 이국적 풍광 속에서 현지인들을 만나고 걷고 쉬었다. 대면 코칭과 봉사를 모두 온라인으로 전환했다. 코로나 덕분에 고객들도 온라인에 익숙해졌다. 새옹지마이다.

그렇게 1년이 지났다. 여름에 잠시 귀경했다가, 우연히《인제 하루》프로그램을 만났다. 인제라니! 평생 인제를 꿈꾸어 본 적이 없었다. 하지만 묘한 끌림이 있었다. 이제껏 삶을 계획하며 살았으니, 이제는 계획 없이 살아보자 싶었다. 나는 참여 신청을 했고 선발이 되었다. 다른 50+세대 참가자들과 인제에서 꽉 찬 24시간을 보냈다.

여러 곳을 다니며 아름다운 풍광을 누렸고 열정에 찬 사람들이 행복마을을 건설하는 현장을 직접 보았다. 내 눈에 인제는 큰 가능성을 지닌 곳이었다. 인제를 더 잘 알고 싶었다. 정확히 한 달 후, 다시 인제에 왔다. 이번에는 4박 5일이다.

같은 곳을 다시 가도 다른 경험을 하고 배움도 달라진다. 그 사이 나도, 그곳도 달라지기 때문이다. 프랑스 출신의 철학자 들뢰즈는 그의 저서《차이와 반복》에서 "반복이 차이를 만든다."고 했다. 인제도 매번 다를 것이다. 이번에 인제는 내게 무엇을 보여줄까?

인제로 떠나기 전 인제의 현황과 지방소멸 대응 방안을 파악하기로 했다. 정책과 예산의 향방을 보면 그 흐름을 알 수 있으리라 싶었다. 행정안전부가 지방소멸 위기에 맞서 2022년부터 2031년까지 해마다 1조 원의 예산을 편성하기로 했는데 인제군은 관심 지역으로 분류되어 2022년에서 2023년까지 42억 원의 예산을 배정 받았다. 인제군은 올 초 지방소멸대응 TF팀 신설을 했고 나는 함께 이 팀을 총괄하는 김선혁 TF팀장을 만나보기로 했다. 하늘은 푸르렀고 햇살은 따사로웠다. 인제군청을 향해 20여 분을 운전하는 내내 길거리에 사람들이 눈에 띄지 않았다.

'아~, 좋다. 북적거리는 도시를 떠나니 좋네.'

나도 모르게 감탄사를 내뱉다 말고 말을 멈추었다.

'생각 조심, 말 조심!'

나 같은 도시인이 느끼는 이 '여유'가 현지인에게는 '위기'일 수 있다. '상대의 입장을 생각하라.' 는 것은 내가 지난 30년 동안 20여개 국과 수백 곳의 지역을 다니며 얻은 교훈이다.

인제군청 내 다문화카페에서 맑은 눈과 부드러운 미소의 소유자인 김선혁 팀장을 만났다. 인제에서 태어났으며 시 쓰기를 좋아하던 문학청년이 이제 13년 차 군청 공무원이 되었다. 그는 인구 감소에 적극 대응하기 위해 향후 TF팀보다는 인구정책 전담조직이 필요할 것

인제군청 내 다문화카페에서 김선혁 팀장을 만났다. 인제 출신으로 인제군 지방소멸대응 TF팀을 맡고 있다.

이라고 말했다. 낮은 출산율, 양극화, 노령화는 국가 현안인데, 인제 군 같은 지방은 도시 이주까지 겹쳐 문제가 배가 된다.

"2019년 말부터 2년간 세종시로 파견근무 나갔습니다. 그곳에서 만난 대부분이 "인제요? 이름은 들어는 보았는데, 가본 적은 없어요." 하더라고요. 충격이었어요. 어떻게 하면 사람들을 인제로 오게 할 수 있을까하는 고민이 깊어졌습니다."

김 팀장의 파견근무 이야기를 들으면서 문득 미국 어학연수 시절의 내 모습이 떠올랐다.

"What's your name? Where are you from?"

1990년에 내가 가장 많이 들었던 질문이었다. 당시 나는 미국에서 1년 어학연수 중이었다. 1년 만 보내주면 반드시 영어 실력을 갖추겠다며 부모님을 설득해 혼자 한국을 떠났다. 큰 소리 치며 당당하게 왔건만 21년을 서울에서만 살아온 내게 미국은 너무 크고 한국은 너무 작게 느껴졌다. 학기마다 100번도 넘게 "I'm Yoon Kyung Noh. I'm from Korea."라고 답했다. 대개는 "Excuse me?"하며 다시 질문했다.

김 팀장이 파견근무를 하면서 느꼈던 답답함을 생각하면서 문득 내가 어학연수 시절 겪었던 마음고생들이 떠올랐다. 아무도 알아주지 않는 곳에 서 있는 그런 외로움이 있었을 것이다. 그도 학업을 위해 고향을 떠난 적이 있다. 그뿐 아니라 함께 놀며 자란 또래 고향 친구 대부분이 고향을 떠나 도시로 터전을 옮겼다. 고향이 점점 노령화가 되고 있다. 그런 모습을 보면서 그는 무슨 생각을 하고 있을까.

이번에 전환점을 만들지 않는다면, 인제는 말 그대로 '소멸'될 위기이다. 그의 간절함과 애정이 이 위기를 타파하고 그와 인제의 미래를 빚어가지 않을까? 그러니 이렇게 '삶과 쉼이 공존하는 살고 싶은 인제!'라는 슬로건도 제안하고 '10년 후 정주인구 1,000명과 관계인구 10만 명 확보'라는 목표를 세우고 그 많은 아이디어를 내고 기획하는 것이 아닐까?

김 팀장의 아이디어는 멈추지 않았다. 주차타워를 세우고, 서울의 따릉이나 세종의 어울림 같은 전기자전거를 이용하여 인제군의 교통 패러다임을 혁신하고 친환경 마을과 자연 경관 그리고 이에 걸맞는 자연친화적 라이프 스타일을 가능하게 하고 미래 지향적인 친환경 사업도 가능하다. 비건 축제를 열어 사람들이 반려 동물들과 함께 쉬고 축제를 즐기며, 산채 샐러드, 산채 햄버거 등 웰빙 음식을 확산시키고, '대한민국의 스위스, 인제'라는 이름에 걸맞게 스위스의 마을과 자매결연을 맺는 이야기도 나누었다.

한번은 인제의 젊음을 부활시키기 위한 프로젝트의 일환으로 록 페스티벌을 개최했다. 그랬더니 동네 어르신들이 시끄럽다며 이튿날 군청에 민원을 냈단다. 이 '웃픈' 이야기에 우리 일행은 안타까워하면서 새로운 대안을 제시했다.

"어째요! 다음에는 첫날은 송가인씨를 초대하여 어르신들을 기쁘게 하고 둘째날은 록 페스티벌을 여세요."

김 팀장은 아이디어가 좋다며 크게 웃었다. 인제가 신중년의 쉼과 여유 그리고 인생 후반부를 위한 베이스캠프가 되고, 수자원공사와 협력하여 소양댐을 중심으로 호반문화를 만들고 예술문화를 살리기를 바란다는 소망도 전했다. 인제의 저녁시간은 '지나치게' 호젓했다. 방문객들이 건강하고 즐겁게 밤 문화를 누릴 수 있는 프로그램들이 있었으면 좋겠다는 생각이 들었다.

도시 사람들이 인제로 오는 이유

미국 연수는 이후의 내 삶과 커리어를 만들었다. 통상적인 대기업 입사 코스 대신 기업과 임직원들을 위해 통역을 하고 영어 커뮤니케이션 강의를 시작했다. 나는 사람들이 영어 두려움을 떨치고 영어를 날개로 세계 무대에 당당하게 서는 것을 돕게 되었다.

30년이 지난 지금, 나는 대기업 CEO의 글로벌 비전 달성과 영어 커뮤니케이션을 코칭한다. 그리고 내가 세상으로부터 받아온 많은 사랑과 응원을 되돌리는 차원에서 나처럼 국제 인증 마스터코치(MCC)가 되고자 하는 후배들을 키우고 있다.

병 때문에 죽음에 대해 몇 년간 고뇌하면서 내 삶에 조금 더 진심이 되었다. 5분 걷기가 싫어 차를 타고 가던 내가 차를 정리하고 하루 만보를 걷기 시작했다. 이제 2만보를 걸을 수 있는 체력이 생겼고 예전의 빠른 삶도, 현재의 느린 삶도 모두 사랑한다. 사람들이 도시로 이동하는 이유도 수 백 가지이듯, 생각을 뒤집으면 도시 사람들을 인제로 올 이유도 수 백 가지일 수 있다. 김 팀장이 보는 인제의 매력은 무엇일까?

첫째, 여유로운 기반 시설과 공간이다. 인제는 인구밀도 전국 최저이다. 어디를 가나 체육문화센터(국민체육센터)나 기타 체육시설, 지역 돌봄센터, 무료 또는 저렴한 생활교육, 문화공간, 식당과 카페 모두 호젓하고 여유롭게 시설을 이용할 수 있다.

둘째, 둘레길, 숲길, 계곡과 산이 풍부한 청정지역이다. 인제는 백두대간과 DMZ가 교차하며 산림 면적이 80퍼센트나 된다. 맑은 공기와 생태 환경이 우수하다. 원대리 자작나무 숲뿐만 아니라, 필레 약수터와 대암산 용늪 등 인제군의 대부분이 천혜의 자연을 자랑한다.

동서울터미널에서 인제터미널까지 1시간 30분이 소요될 정도로 접근성이 좋다. 인제38대교 개통 후 교통이 훨씬 좋아졌다.

　셋째, '의외로' 수도권과의 접근성이 좋다. 현재 동서울터미널에서 인제 터미널까지 딱 1시간 30분이 소요된다. '서울—양양 고속도로' 개통에 이어 춘천~화천~양구~인제~백담~속초를 연결하는 동서 고속화철도가 28년 완공 예정이다. (용산역~인제 간 50~55분 소요 예정)

　김 팀장의 말에 나는 고개를 끄덕였다. 동서울터미널에서 아침 6시 30분 시외버스를 타니, 8시 정각에 인제 터미널에 도착했다. 실제 가 보지도 않고는 인제가 강원도 어디 산속 깊은 곳에 있다고만 생각하니, 우리가 막연히 심리적 거리를 느꼈을 것이다. 김 팀장의 꿈이 이루어지고 더 나아가 인제가 인구 10만 명이 되어 시로 승격되었으면 좋겠다. 내년에 나도 인제군 한달살이를 신청해야겠다.

인제 토박이 김 팀장이 알려주는 인제살이 5대 '꿀팁'

----

1. 다양한 볼거리와 체험활동

2023년 소양호 50주년을 맞아 다양한 이벤트와 서비스가 마련된다. 4성급 호텔 수준의 인테리어를 한 전기버스를 제공하고 사전 예약을 통해 이동, 숙박, 로컬여행 모두를 한번에 누리는 원스톱 캠핑 서비스를 제공한다.

2. 생태&평화의 거점, 인제 '소 생추어리'와 비건 청년마을

신월리에 국내 최초로 소들의 보금자리가 생겼고, 2026년까지 동물복지 보금자리(생추어리)와 평화생명 교육 공간이 조성된다. 또한 청년 임대주택을 조성하여 비건 청년마을과 비건-산채 축제로 이어질 전망이다.

3. 신박한 인제 생활

인제상품권과 '그리고' 카드를 사용하면 사용한 금액의 10퍼센트를 적립해준다. 인제군청 경제협력과에서 발급이 가능하다. 인제군에 기부하면 세액공제는 물론, 기부금의 30퍼센트에 해당하는 답례품을 선물한다.

4. 더 쉽고 편리한, '인제 살아보기'

2023년 중 인제군 내 살아보기 물품공유센터가 조성된다. 몇몇 주요 거점에 위치하여 참가자들에게 살아보기에 필요한 물품들 일부를 대여해준다. 인제 살아보기가 한결 쉽고 편리해질 것이다.

5. 인제의 볼거리 & 갈 곳

인제 8경(대청봉·대암산용늪·대승폭포·십이선녀탕계곡·내린천·방동약수·백담사·합강정)과 원대리 자작나무 숲, 점봉산 곰배령, 필레 약수터, 백담사와 만해문학박물관, 방태산 자연휴양림, 내린천 래프팅, 대암산 용늪 등도 있다. 여초서예관, 한국시집박물관, 박인환문학관 등 예술 문화 볼거리도 풍부하다. 인제스피디움에서는 어른 아이 모두 신나는 시간을 보낼 수 있다. 인제군 CGV는 공공기관에서 운영하는 멀티플렉스로 편당 6,000원에 영화를 관람할 수 있다.

삶의 터전을 송두리째 바꾸는 '국내 이민'

"깔깔~, 하하~."

인제로컬투어사업단 2층 회의실에서 2시간 내내 웃음소리가 끊이지 않았다. 이환기 사무국장은 따뜻하고 유쾌하며 창의적인 아이디어가 '뿜뿜'하는 매력 덩어리였다. 사업단은 인제 지역 내 농촌마을연합회로, 농촌관광, 생태관광, 귀농·귀촌 3대 업무를 담당한다. 인제 관광의 종합센터 같은 개념으로, 사업단 홈페이지 (www.injetour. co.kr)에 가면 인제 여행이나 한달살이 그리고 귀촌에 대해 양질의 정보를 얻을 수 있다.

인제에는 정부로부터 인정받은 마을들이 많다. 2022년 9월 인제군 하추리 산촌마을이 '행복한농촌만들기' 콘테스트에서 대상(대통령상)을 받았고 신월리는 새농어촌건설 우수마을 전국 1위로 선정된 이력이 있다. 냇강마을도 뒤질새라 농촌진흥청의 전통테마마을, 농림부의 농촌마을가꾸기, 예쁜마을가꾸기 등 많은 상을 수상했다. 이렇게 쟁쟁한 56개 마을 중 36개가 사업단의 회원이다. 새농촌건설 운동 공모사업(주민 호응, 환경정비, 교육이수, 소득거리)에 통과한 마을만 입회 자격이 주어진다. 입회와 탈퇴 모두 자유로운데 입회는 계속되었으나 탈퇴는 없었다. 그만큼 마을들이 만족한다는 이야기이다.

인제군 산하 농업기술센터로부터 귀농·귀촌 지원 관련 위탁을 받았고 동시에 회원 마을들의 대변인 역할을 하며 행정기관과 마을 간

가교 역할을 하고 있다. 마을들의 관광 상품이나 체험 프로그램의 품질을 향상시키기 위한 지속적인 회의와 모니터링도 하니, 인제를 찾는 방문객들의 만족도도 높다. 실제로, 냇강마을의 경우 연간 1만 명의 관광객이 찾는 전국 최고의 인기 농촌체험테마마을로 평가받는다. 인제군은 '한달 살아보기 귀향귀촌' 프로그램으로 2021년 3월 국가균형발전 대상을 수상했다.

"2020에 한달살기를 했던 20팀 중 7팀이 인제로 귀촌을 했습니다. 해마다 진행하는 '청년 작가 살아보기'와 '산골생태유학'도 뜨거운 반응을 얻고 있습니다."

30퍼센트라니, 대단한 수치다. 귀촌은 개인과 가족의 삶의 터전을 송두리째 바꾸는 '국내 이민'이다. 쉽지 않은 결정인데, 그들은 어떤 이유로 인제로 귀촌을 결심했을까? 또 한달살이나 귀촌을 한다면 어디서부터 시작하고 무엇을 준비해야 할까? 나는 실제 한달살이를 생각하고 있고 미래에는 귀촌도 관심이 있는지라, 이 질문들에 진심이었다. 이 국장 자신이 인제로 귀촌을 했고 3년 간 마을 사무장으로 일했으며, 사무국 설립 준비부터 시작해 지금껏 농촌관광과 생태관광, 그리고 한달살이와 귀농·귀촌 업무를 모두 담당하고 조직을 점차 키워왔다. 한달살이와 귀촌을 위한 준비사항, 귀촌 시절 시행착오를 통한 교훈부터 현행 제도과 각종 혜택, 미래 바뀔 모습까지 모든 방면에 대해서 잘 알고 있기 때문에 내 궁금증을 해결해줄 적임자라고 생각했다.

인제로컬투어사업단의 2층 회의실에서 이환기 사무국장을 만났다.

 "저희 부부는 도자기를 전공했고 아내는 계속 도자기 관련 일을 했어요. 도자기 작업하는 사람들은 10년쯤 지나면 좀 더 편하게 작업할 수 있는 곳으로 이주해요. 보통 이천이나 여주로 가죠. 그런데 장모님이 예전에 인제에 땅을 구입하고 터전을 마련해 살고 계셨어요. 가족이 인제로 장모님을 방문했는데, 아이가 금새 적응하더라고요. 자연 속을 신나게 뛰어다니며 노는 거예요. 아이의 학업보다 건강이나 정서가 중요하다고 생각해서 인제로 결정을 했습니다."

 인제군청 김선혁 팀장은 '인제 귀촌의 3대 이유'를 언급한 적이 있다. 이 국장 가족은 그중 2가지가 해당된다. '가족이나 지인이 인제에 연고가 있음'과 '인제를 방문했고 좋은 인상을 받았음'이다(세번째는 'TV 등 미디어에서 인제를 긍정적으로 그리는 것을 보고 관심이 생김'이다.)

부부는 아이를 데리고 2008년 4월 1일 만우절에 '거짓말'같이 인제로 귀촌을 했다. 귀촌 후 알게 된 지역 사람들의 도움으로 집과 공방을 짓고 일자리를 찾았다. 이 국장은 서울에서 배워둔 집짓기 기술을 활용해 조수로 일했다. 어느 날 마을에 경사가 있어 마을 잔치에 초대를 받았고 당시 이장은 그에게 마을 총무직을 제안했다. 그는 그 제안을 받아들여 이후 4년 동안 마을 일을 했다.

"마을이 서로 소통하며 무엇인가를 만들어가는 모습이 좋았습니다, 공모사업을 성공시키고 일자리를 창출하고 수확한 농산물도 판매하니 마을 전체에 자부심도, 해보고자 하는 의지도 커졌죠."

3년 후 그는 사무국 실무를 맡아달라는 제안을 받고 이장에게 고민 상담을 했다. 그때 그는 "가라, 큰 물에서 놀아라."는 조언을 들었다. 한 마을을 넘어, 인제의 성장과 여러 마을들의 발전을 위한 이장의 통 큰 결정이었다. 나는 경영자 코치라, 리더들의 성공요소나 고민에 대해서 잘 알고 있다. 리더가 성실하고 일 잘하는 직원을 이렇게 선뜻 보내기가 쉽지 않다. 나는 리더와 인재가 이리 밀어주고 끌어주는 이 마을이 궁금해졌다.

이 국장이 마을 일을 할 때 또 한 사람의 멋진 리더를 만났다. 당시 연합회 창립 멤버였던 박수홍 이사장이다. 박 이사장은 인제 출신으로 도시로 떠나 공부하고 일하다가 고향 인제를 살리는 데 동참하기 위해 한창 때 영구 귀향했다. 이 국장을 처음 만났을 때부터 의기투합하여 그를 신뢰하고 응원하며 크고 작은 일에서 실질적인 그리고 정

유쾌한 이 국장이 알려주는 인제 살아보기 지원과 혜택

----

1. 인제군 살아보기 프로그램

인제군 살아보기 홈페이지(injetour.co.kr)에서 신청, 2023년도 사업은 3~4월 경 공지 예정. 2주~6개월 기간 선택, 5월 경부터 살아보기, 최종 선정은 인제군과 마을 상황에 의거에 결정. 만 20세 이상이면 누구나 신청 가능하다. 공통 활동이 있다보니, 기동성과 활동성이 관건이 된다. 함께 걸으며 활동에 참여하는 데 무리가 없어야 하고, 자차가 확보된 사람들에게 한한다.

2. 한달살이 상세 내역

평균 22~23일을 머물며, 그중 8~9일은 참가자 전원을 위한 공통 활동에 참가한다(오리엔테이션과 교육·근교여행·체험활동 등). 귀촌에 필요한 교육을 맞춤식으로 제안받을 수 있다. 영농수익사업도 체험하며 일할 수 있는 기회도 알아본다. 마을별로 지정멘토가 있어 필요한 정보나 조언을 얻는다.

3. 정주 공간 혜택

귀농인의 집에서 약간의 월세를 내고 체류하면서 체험을 할 수 있다. 선정이 되면, 한달살이 팀들과 함께 공통 활동에 참여한다. 훗날 실제 이주 시 빈집 정보 서비스를 이용할 수 있다.

4. 귀농 혜택과 지원

귀농귀촌교육 100시간 이수 자에 한하여 지원 자격이 주어진다. 군에서 귀농창업융자금(3억 원까지)과 귀농주택융자자금(7,500만 원까지, 150제곱미터 이하 주택)을 지원한다. 임대의 경우 리모델링 비용도 지원해준다.

5. 인제생활의 취약점

난방 등 거주와 살림에 대한 꼼꼼한 준비가 필요하다. 폭설로 고립이 되는 경우 물질적, 심리적 어려움을 겪을 수 있다. 거주 환경에 따라, 사람에 따라 만족도 편차가 클 수 있다. 혼자(또는 가족끼리) 심심하지 않게 보낼 방안들이 필요하다.

신적인 지주로 함께 해왔다. 인제에는 이 국장을 비롯해, 박수홍 이사장을 존경하고 따르는 이들이 많다.

"인제에는 저를 포함해 5명이 박 이사장님을 멘토를 넘어 교주로 모시다시피 하고 있습니다. 자칭 '생또라이 교'라고 하죠. 다들 또라이예요, 하하. 물론 이사장님은 손사레 치며 무슨 소리라며 반대하시지만요. 보통 한달에 한번 모여 고민도 나누고 즐거운 대화를 나눕니다. 이들을 만나면, 저는 그냥 좋아요. 귀촌하기 참 잘했다 싶습니다."

이 국장은 환한 미소와 함께 말했다. 그와 헤어진 이후에도 그 미소가 계속 내 가슴에 남았다.

한 달 살아보기 후 이거다 싶어 바로 귀촌

사무국에서 또 한 명의 귀촌인, 경도훈 사무장을 만났다. 그는 2021년 7월에 가족과 처음 인제 한달 살아보기를 했다. 두 자녀가 빠르게 적응하고 건강해지는 모습을 보고 이거다 싶어 바로 그 다음 달부터 1년살이를 시작했다.

마을에는 귀농·귀촌한 이들의 재능기부로 만든 북카페가 있다. 마을주민들의 사랑방이 되어 함께 토론회를 하고 크고 작은 모임을 연다. 부부는 이곳 작은 영화관에서 영화를 보고 두 자녀는 이곳 아이들 놀이시설에서 장난감을 가지고 논다. 아이에게는 인제가 마음껏 뛰

경도훈 사무장은 삶의 여유와 함께 자녀들의 건강을 귀촌의 이유로 들었다. 1년 내내 비염
과 감기를 달고 살던 아이가 인제 한 달 살아보기 동안 건강해졌다고 한다.

어노는 고향 마을이 되어가고 있다.

　이 국장처럼 경 사무장 역시 삶의 여유와 자녀들의 건강을 귀촌의
이유로 들었다. 실제로 1년 내내 비염과 감기를 달고 살던 아이가 인
제 한 달 살아보기 동안 건강해졌다고 한다.

　통계청 자료에 따르면, 2021년 전국의 귀농어귀촌가구원은 약 2만
명이다. 인제의 경우 800명 정도가 귀촌을 했고 그 가운데 80명(귀농
인 57명+동반 23명)이 귀농을 했다. 귀촌 인구 중 귀농 인구가 약 10퍼
센트다. 귀촌도 부담스러운데 귀농을 권하기 어렵다.

　최근에는 '관계인구'가 대안 중 하나로 떠오르고 있다. 외부인들이
여행이나 다른 이유로 지역에 관심과 애정을 가지고 지역 상품을 구
매하다보면 나중에 그 지역에 정착할 가능성도 높아진다. 그런 의미
에서 인제 한 달 살아보기 프로그램은 관심인구와 관계인구를 창출하

고 귀촌의 '맛보기'이자 발판 역할을 톡톡히 한다. 한달살이 체험자는 자신감도 얻고 귀농·귀촌에 대한 시행착오를 줄일 수 있다.

경 사무장은 두 가지 성공 비결을 제시했다. 하나는 '로마에 가면 로마법을 따르라'는 것이다. 현지생활은 현지인들이 선배이고 스승이다. 먼저 인사하고 마을 생활을 배우자. 도시 생활을 주장하거나 도시가 낫다는 우월의식을 내려놓자. 서로의 삶이 다를 뿐이다. 역동적인 삶과 편리한 의료나 배달 음식 시스템을 원한다면, 계속 도시에 살며 지방을 여행하는 것이 좋다.

둘째는 '갈등 조기 해소'이다. 귀촌·귀농 과정 중에 크고 작은 갈등이 일어날 소지가 많다. 그냥 놔두면 갈등이 계속 쌓일 수 있다. 초반에 대화하여 풀자. 서로 아는 제3자를 대동해 마을 잔치에서 술을 한잔 할 수도 있다. 오해를 풀며 서로를 이해하는 계기가 될 것이다.

경 사무장은 인제에 살고 사무국에서 일하는 게 재미있다고 덧붙였다. 인제 사랑이라는 공통 분모로 좋은 사람들이 한마음으로 뭉쳐 마을과 기업이라는 공동체를 키우고 있다. 그의 멘토는 이환기 국장이라니, 박 이사장에서 이 국장으로, 이 국장에서 경 사무장으로, 이렇게 좋은 리더들이 세대를 너머 반복된다.

경 사무장도 '쌩 또라이 교'를 좋아한다. 5인방 멤버는 아니지만, 가끔 그들과 저녁을 함께 하며 유쾌하고 따뜻한 대화를 나눈다. 나는 그 이야기에 미소가 지어졌다. 이런 '또라이'라면 나도 되고 싶다. 아니, 더 많은 이들이 이들과 함께 '또라이'가 되었으면 좋겠다.

도시 출신 귀촌인, 경 사무장이 나누는 5대 '꿀팁'

----

1. 단계별 접근
한달살이로 귀농귀촌에 대한 가능성을 먼저 실험해본다. 정말 귀촌을 원하는지, 얼마나 준비되어 있는지, 앞으로 무엇을 준비해야할지 파악하게 된다.

2. 귀촌지 선정 방법 3가지
① 나의 니즈 & 우선순위 파악 : 귀촌에서 얻고자 하는 것이 무엇인지 명확히 정의한다. ② 다양한 지역 파악과 선택 : 인제군 내 마을들에 대해 파악해본다. 유튜브, 인터넷, 관련 기관, 기사, 책 등을 통해 다양한 정보를 얻는다. ③ 실제 경험 : 마음에 드는 곳 2~3곳을 방문해 느낌을 보거나, 한달살이를 한다. 다양한 체험과 멘토링을 통해 주변환경과 이웃이 될 사람들을 파악할 수 있다.

3. 귀촌 3대 성공요소
① 사전 학습 : 귀촌에 필요한 생활기술들을 익혀둔다. 집짓기나 리모델링을 생각하는 사람은 관련 기술을 배우고 필요한 자격증을 취득해두면 유용하다. ② 일거리 아이디어 확보 : 뭘 하며 먹고 살 것인가에 대해 고민하고 방향성을 확정하는 것이 좋다. ③ 현지 주민들 : 살 집과 일거리는 최소 필요 요건이다. 귀촌은 현실이며 이웃과 어떻게 지내는가가 핵심이다.

4. 열린 마음 & 소통
마을이 배타적이고 외지인에 대한 편견을 가질까 겁을 내는 경우가 많다. 너무 큰 염려는 하지 않아도 된다. 먼저 마음을 열고 다가가 대화를 하고 서로 돕는다면 이웃들과 편하게 오래 함께 할 수 있다.

5. 갈등 해소
땅이나 주택 구매 시 이웃집과 토지 침입 여부를 확인해야 한다. 초반에 인사를 하고 좋은 인상을 만들면, 문제가 생겼을 때 대화하기가 수월하다. 마을 회의나 잔치에서 술 한잔하며 대화하면 오해를 풀고 쉽게 사과할 수 있다.

소양강댐에 추억을 묻은 마을, 관대리

투명한 유리잔 안에 오미자의 선홍색이 선명하다. 잔을 드니 향긋한 냄새가 풍겨온다. 한 모금에 건강한 느낌이 온몸으로 부드럽게 퍼져나간다. 오미자에 6년 된 사과 효소를 더하니 맛이 깊어졌다. 관대리 전 이장 심영근 씨 부부가 '전망 좋은 집'을 찾는 손님들을 환대하는 방법이다. 오미자차로 오감이 열리니 내 마음도 열렸다. 덕분에 편안한 마음으로 부부와 이야기를 나눌 수 있었다.

심영근 전 이장은 이곳 관대리 출신이다. 그의 어린 시절이 궁금했다. 중학생 때 소양강댐 건설로 마을이 수몰되자 가족은 그 보상금으로 서울에 와서 터를 잡았다. 서울에서 학교를 다니고 일을 하고 결혼하고 아이 둘을 낳았다.

이후 부부는 4일은 도시에서 3일은 농촌에서 사는 '4도3촌'의 삶을 살았다. 금요일 퇴근 직후 가족들을 차에 태우고 관대리로 떠났다가 월요일 새벽에 돌아왔다. 매주 주말마다 온 가족이 자연에서 함께 시간을 보낸 덕분일까? 가족들은 서로 가까워졌고 그의 월요일 출근길도 에너지로 가득 찼다. 생각해보면 나도 이미 15년 전부터 '4도3촌'과 국내 외 한달살이를 해왔다. 서로 닮은 점이 많기에 대화가 진행될수록 내 질문은 많아졌고 이야기는 흥미로워졌다.

아이들이 어느 정도 크자, 부부는 '완전 귀향'을 실행했다. 4도 3촌도, 귀향·귀촌도 남들보다 늘 한발 빨랐다. 2009년 아내가 먼저 내려

왔고 두 해 후 남편이 그 뒤를 이었다. 부부는 관대리에 터전을 마련한 후 10년 넘게 농사를 짓고 마을 공동체를 만들기 위해 다양한 활동을 해왔으며 지금은 식당을 운영하고 있다. 추어탕 맛집인데 현지에서 잡은 미꾸라지만 쓰고 점심시간인 11시부터 2시까지만 식당 문을 연다. 많은 이들이 남편 심 씨의 추어탕만큼이나 아내 권 씨가 담근 김치에 빠져 가까운 곳, 먼 곳을 불문하고 달려온다.

'전망 좋은 집' 거실에 앉으면 멀리 소양호가 내려다 보인다. 내 관심은 자연스레 소양강댐으로 옮겨갔다. 댐 덕분에 서울과 수도권 인구 2,000만 명이 1년 동안 쓸 물을 안정적으로 공급받는다. 소양호 유람선은 인제군 관광산업에도 큰 몫을 한다. 이 소양강댐은 경부고속 도로, 서울 지하철 1호선과 함께 박정희 대통령 시대의 3대 국책사업 이었으니, 특정 기업이나 지역경제를 넘어 국가경제에도 커다란 영향을 미쳤다.

똑같은 상황이라도 사람들은 저마다 다르게 반응한다. 누군가는 기회를 잡고 또 누군가는 기회를 잃는다. 삶의 터전을 잃었을 때 모두 다른 곳으로 떠밀려갔다. 누군가는 바로 옆으로 옮기고 또 누군가는 서울로 올라갔다. 모든 선택마다 성공과 실패가 공존한다.

심 씨의 부모는 보상금을 받아 바로 서울로 올라왔다. 보상금이 자본금이 되어 서울에서 큰 사업 기회를 얻어 가족은 희망에 가득 찼다. 하지만 얼마 지나지 않아 그 돈을 사기 당했다. 심 씨 부모는 이를 교훈 삼아 다시 도전했고 마침내 안정된 삶을 이루었다.

관대리 심영근 씨 집에서 내려다 보이는 소양호의 모습.

서울에 올라온 다른 이들의 명암은 엇갈렸다. 누군가는 성공을 하고 또 다른 누군가는 실패를 했으리라. 평생 서울에서 살기로 선택한 이들도 있고 이 부부처럼 관대리에서 관대리에서 여생을 보내기로 하며 차근차근 준비하고 실행한 이들도 있다. 고향에 돌아왔다고 모두 성공할까? 누군가는 안착하고 또 누군가는 "그때가 좋았는데." 하며 아쉬워할 것이다.

서울 출신 아내 권 씨가 남편보다 관대리의 삶을 더 원했다는 것은 삶의 아이러니이다. 대화하다 꽃 이야기만 나오면 권 씨는 얼굴이 환해졌다. 하루 종일이라도 꽃 이야기, 건강 먹거리 이야기를 할 수 있을 것 같았다. 인제군의 자연 환경과 여러 교육 기회들이 좋아 남편보다 2년 먼저 관대리로 내려온 덕분에 심 씨도 서울 살이를 여유롭게 마무리하고 고향에 안착할 수 있었다.

부부의 이야기를 들으며 내 부모의 삶을 떠올렸다. 같은 충남서천 출신으로 결혼 후 잘 살아보겠노라며 상경했다. 아는 사람도, 월세 보증금도 없던 서울 살이는 녹록지 않았다. 세 아이가 연이어 태어났고 내 부모는 그 아이들을 먹이고 대학을 보내겠다고 30년을 하루 18시간씩 일했다. 한 푼, 한 푼 돈을 모아 집을 샀을 때 아버지 얼굴이 환히 빛났다. 어느 날 그 집에 전화기가 설치되었고, 다음해에는 부엌 커튼과 거실 소파가 들어왔다. 그때마다 어머니는 환하게 웃으셨다. 당신들이 그 퍽퍽한 삶을 이겨내신 덕분에 나와 두 형제도 편안한 삶을 누리면서 각자 원하는 삶을 위해 매일 최선을 다해 살고 있다.

관대리 속으로 한 발 더 들어가며 나는 부모님과 어린 시절 나를 만났다. 내 삶에 감사한 마음이 들었다. 이렇게 타인을 통해 나를 만나고 나를 이해하며 사람들을 이해한다.

삶이 점점 더 풍요로워지는 방식

제주로 돌아와 함덕 바다가 내다보이는 거실에서 인제 이야기를 쓰

고 있다. 삶은 이번 여름에 나를 강원도 인제로 초대했고 나는 직관
적으로 이에 응했다. 꿈에도 생각 못했던 인제가 이제 내게 보석 같
은 곳이 되었다. 천혜의 자연풍광도 좋지만, 무엇보다 멋진 인제 분
들을 '떼'로 만났다.

"인제를 다녀와서 매일 6~10시간을 끙끙거리며 책을 썼다. 힘들었
지만, 내 꿈을 이루는 과정이었다. 2006년 무라카미 하루키의《먼 북
소리》를 읽고 나는 내 안의 북소리를 들었다. "나도 하루키처럼 여기
저기를 훨훨 날아다니며 책을 쓰리라!" 그의 그리스와 이탈리아 살아
보기처럼 '노윤경의 먼 북소리_인제 편'이 이렇게 탄생했다."

수술 전 내 삶의 전략은 '성장과 확장'이었다. 배우는 것이 좋아서
계속 이것저것 다양한 것을 배웠고 강의, 통역, 기업체 해외 전략적
제휴 업무, 코칭, 멘토링 등 다양한 일을 했으며 회사도 계속 키웠다.
수술 후 내 후반부 삶의 전략은 'Simple and Powerful!'이다. 그간 경
험한 것을 통합하고 정리해서 내가 꼭 해야할 것에만 집중한다. 나머
지 시간은 여기저기를 '따로 또 같이' 여행하고 살아보기를 하고 동시
에 철학과 인문학을 공부하는 동아리에 합류하여 끌고 당기며 함께
공부하며 성장하고 있다.

인제에서 다양한 사람들을 만나며 그들의 삶으로 들어가고 그들이
되어보았다. 수몰로 돌아올 곳이 없어진 곳으로 돌아와 마을을 만든
사람들, 고향을 떠나 인제로 귀촌한 사람들, 인제에서 도시로 떠난 이
들, 그런가하면 우리 일행같이 도시를 떠날 사람들도 있다. 내년 소

얼마 전 나는 인제의 팬슈머가 되겠다고 신청했다. 그것이 곧 우리가 연결되고 함께 풍요로워지는 방식이다.

양호 50주년을 축하하면서 인제는 '이제 넥스트 50년은'이라는 화두를 시작할 것이다.

　얼마 전 나는 인제의 팬슈머가 되겠다고 신청했다. 지난여름에 맛보았던 인제 신월리의 감자와 옥수수를 내년부터는 서울, 제주에서도 먹게 되었다. 냇강마을의 블루베리 농장에도 묘목을 인당 50그루씩 사고 키우는 얘기도 논의 중이다. 우리가 연결되고 함께 풍요로워지는 방식이다.

여행처럼
신나고 재밌게 산다

이소희

호기심이 많아 살면서 다양한 일을 경험했다. 지구를 반 바퀴 돌았고 아르바이트까지 20가지 넘는 일을 해 본 것 같다. '구르는 돌은 이끼가 끼지 않는다'라는 영국 속담처럼 이리저리 돌아다니다 보니 재산은 못 모았다. 하지만 이야깃거리가 풍부해지고 새로운 상황에 대한 적응력이 빨라졌다. 이런 도전정신과 적응력을 잘 활용해 남편과 함께 여행자로의 삶을 살아가고자 준비하고 있다.

다이빙처럼 신나는 일을 찾고 싶다

'새옹지마' 같은 삶

유아교육을 전공한 후 여행자로 살고 싶어 영문학을 공부했고, 해외에서 직업을 구하기 위해 일식 자격증을 땄다. 해외 이주 포기로 시간만 버린 줄 알았는데 우연히 영어 아동 요리를 가르치게 됐다. 수강생 중 영양사와 요리사들이 많았다. 제자보다는 나은 스승이 되고 싶어 요리학원에 등록해 자격증 시험을 봤다. 배우던 학원에서 퇴근 후 양식을 가르치다가 일식과 한식 자격증반 강사가 됐다. 낮에는 아동요리, 밤과 주말에는 요리학원 강사로 몸은 힘들었지만 재미있었다. 라면도 못 끓이던 내가 매일 가르치다 보니 잘하게 됐다.

아이들 가르치는 일을 그만두고 책을 쓰고 싶어 카페를 들락거렸다. 제빵을 배우려고 간 센터에서 창업 지원을 하면 사무실을 준다고 해서 신청했는데 덜컥 통과됐다. 상금 200만 원을 준다는 센터 직원의 말을 듣고 생전 처음 사업계획서를 썼는데 입상했다.

사회적기업 육성 사업비가 3,500만 원이 나왔다. 사회적 기업에 대해 잘 몰랐고 사업할 생각은 더더구나 없었다. 포기하기엔 아까워 교육을 받다 보니 법인 대표가 돼 있었다. 협동조합에서 동업 제안을 받고 공동 가게를 냈으나 나중에 혼자 가게를 떠안게 됐다. 점심만 운영하는 가게로는 직원 급여가 나오지 않아 강의를 뛰며 케이터링에 집중했더니 매출이 조금씩 늘었고 어느샌가 예비사회적기업이 되어 있었다.

열심히 살아서 드디어 복 받을 때가 왔다고 생각했는데 사회적경제 중간 조직원의 갑질로 마음고생을 하다 왼쪽 눈이 잘 안 보이게 됐다. 건강보다 중요한 게 없다는 생각에 가게를 정리하고 산티아고로 순례 여행을 떠나 873킬로미터를 걸었다. 눈은 다시 보였지만 무릎과 발이 망가졌다.

넘어진 김에 쉬어간다고 오랜 꿈이었던 블루홀 다이빙을 위해 이동하다 코로나 팬데믹으로 공항이 폐쇄되면서 이집트에서 오도가도 못하고 갇히게 됐다. 국립공원인 블루홀도 문을 닫았다. 4개월을 이집트의 작은 마을, 다합에서 주변 사람들을 초대해 밥을 먹고 요가와 프리다이빙을 하면서 몸과 마음이 건강해졌다.

새옹지마라는 말을 좋아한다. 좋은 일이 나쁘게 연결되고 나쁜 일이 결국 화를 피하게 한다. 병을 얻고 여행을 떠났지만, 가게가 정리

되지 않았으면 코로나로 고생을 많이 했을 것이다. 홀로 여행하며 나 자신에게 오롯이 집중할 수 있는 시간을 보낼 수 있었다.

내 꿈은 남편 퇴직 후 같이 세계 여행과 지역살이를 하는 것이다. 사이좋은 부부라도 여행하며 24시간 붙어 있는 것은 힘든 일이다. 그 래서 남편은 사진을 시작했다. 남편이 멋진 풍경을 사진에 담는 동안 난 글과 영상을 기록하기 위해 유튜브 편집을 배웠다.

내가 제일 좋아하는 것은 다이빙이다. 물에 들어간다는 생각만으로 도 심장이 두근거린다. 그래서 살아보기 장소로도 울릉도와 제주도 를 가장 먼저 떠올렸다. 하지만 우리나라 바다는 여름에만 들어갈 수 있다. 나머지 계절에는 어디에서 무엇을 하면서 살아야 할까. 바닷바 람에 뼈가 시린 건 싫다. 등산과 트레킹도 좋아하니 산이 있는 인제를

내가 제일 좋아하는 것은 다이빙이다. 물에 들어간다는 생각만으로도 심장이 두근거린다.

가 봐야겠다. 그곳에 사는 사람들과의 만남을 통해 다이빙처럼 내 심
장을 뛰게 하는 즐거운 무언가를 찾고 싶다.

　7년간 사회적경제 기업을 운영했던 경험을 떠올리며 인제군 사회
적경제지원센터를 방문했다. 인제에서 협동조합이나 마을기업, 사회
적기업 등 사회경제 분야의 일을 한다면 꼭 만나야 할 일 순위의 장
소이기 때문이다.

시골은 술과 밥의 힘이 세다

　인제군 사회적경제지원센터는 지역 사회적경제에 관련된 기업들
을 발굴하고 육성 지원하는 역할에서부터 일반 기업, 농가 등 지역 경
제 활성화를 위한 전반적인 사업을 수행하고 있다. 정부와 지역 공동
체의 중간에서 주민의 역량을 개발하고 행정 협력. 네트워크 연계 등
핵심적 가교 역할을 수행한다.

　인제군 사회적경제지원센터는 인제 북면 원통로에 있다. 인구밀도
가 낮고 자연과 어울려 있는 인제군답게 건축물들의 사이가 넓어 시
원한 느낌이 들었다. 센터는 푸른 유리가 전면에 있는 회갈색의 세련
된 2층 건물이지만 천장이 높아 밖에서 보면 3층이 더 되어 보인다.
산뜻한 신도시 관공서 느낌이다. 입구에는 '인제군 누구에게나 열린
공간입니다'라는 글이 걸려 있었다. 들어가 보니 1층은 공유 주방을

인제군 사회적경제지원센터는 인제군민 누구에게나 개방된 열린 공간으로 다양한 코워킹 스페이스를 제공하고 있다.

포함한 대강의실과 다목적회의실, 2층은 사무실 및 교육, 창업 공간 및 코워킹 스페이스, 사회적경제기업 제품 홍보 공간으로 구성되어 있다. 2층 코워킹 스페이스로 안내를 받았다. 4개의 흰색 테이블과 컬러풀한 의자, 하얀 벽이 깔끔해보였다. 벽면에는 복합기와 공유 컴퓨터가 있었다. 일을 하거나 마을 사람들이 들어와 소소한 사랑방이 되기에 좋은 공간이었다.

인제군은 사회적경제 조직 간 연대가 유난히 끈끈하다는 말을 들어서 그 비결을 물었더니 '밥의 힘'을 이야기했다. 처음에 사회적기업들이 각자 일을 하고 있을 때 인제군 경제협력과장이 기업인들을 모아서 밥을 먹었다. 밥이 술자리로 연결되고 서로에 관한 얘기들을 나누게 됐다. 그 이후에 사회적기업과 마을기업들은 각자 모임들을 갖기 시작했다. 영세한 기업들이 도움을 주고받았다. 그렇게 강원도에서는 처음으로 사회적경제에 대한 지역센터가 생겼다. 아직도 강원도 지역 내 사회적경제지원센터가 없는 곳이 많다.

도 단위에서 하는 판매 행사에 마을기업들과 협동조합이 함께 다녔다. 시간이 되는 기업들이 나와 다른 기업의 제품도 팔아줬다. 스스로 협동해 움직였기 때문에 끈끈함이 생겼고 강력한 공동의 목표가 생겼다고 한다.

나도 예비사회적기업을 운영하며 한 달에 한 번씩 사회적경제 네트워크 회의 후 식사를 하며 서로 어떤 일을 하는지 이야기하며 정보를 나눴다. 회사 이름만으로는 그 역량까지 자세히 알 수 없다. 밥을 먹고 대화를 하면서 서로의 요구에 맞는 퍼즐을 찾거나 도움을 줄 수 있다. 나도 이런 과정을 통해 광진 지역의 복지관과 보건소, 사회적기업에서 요리 수업을 진행했고 지역의 크고 작은 행사의 케이터링도 소개를 받을 수 있었다. 지역 사회경제적지원센터의 네트워크 덕분에 원하는 일을 마음껏 할 수 있었다.

인제의 사회적경제 기업인들은 대부분 60대로 평균 연령도 55세 정도라고 한다. 젊은 사람들이 별로 없다. 사회적경제 기업의 숫자보다 지속 가능한 사업체로서 운영할 수 있게끔 만들어 주고 발굴, 육성하는 역할을 하고 있다. 2016년에 센터가 생긴 이후로 인증이 취소된 기업이 하나 밖에 없으며 지원이 끝나면 사업을 접는 인증 이탈률도 제로에 가깝다.

인제군 사회적경제지원센터를 찾아 인제의 사회적기업 이야기를 들었다.

인제에 살면 어떤 점이 좋으냐는 물음에 센터 관계자는 사람에 대한 이야기를 했다. 2014년 결혼하면서 빌라에 입주했는데 주차장 옆에 공간이 있어서 텃밭을 만들었다고 한다.

"쟤, 뭐 하는 거야?"

처음 주변의 반응에서 그랬다. 시간이 지나 작물을 수확하게 되자 수확한 작물을 같은 빌라의 집집마다 손잡이에 걸어두었다. 그러고 나니 다음에는 그의 집 앞에 뭔가 하나씩 걸려 있었다.

"그런 마음이 제일 큰 장점이죠. 강릉에서 7년을 살아봤는데 바닷가 분들이라서 텃새가 굉장히 심해요. 인제는 야박함이 좀 덜하다고 봐야겠죠."

《강릉에서 살아보기》 책을 쓰면서 강릉에 정착한 외부인들과 인터뷰했기 때문에 그 말에 공감할 수 있었다. 그는 그 작물을 건 사람들의 얼굴을 아직도 모른다고 한다. 하지만 주변 사람들은 자기 집에 채소를 건 사람이 누구인지 알고 있었다. 표현하지 않았지만 그에게 관심을 갖고 있었던 것이다. 섣불리 다가서기보다 성실히 지역살이하는 모습을 통해 경계심을 허물고, 무엇이더라도 먼저 손을 내민다면 인제뿐 아니라 어디서든 환영받을 것 같다.

귀농에 관심이 있다면 특화 작물에 관심을 두고 투자를 해 보라고 귀띔했다. 일반작물인 고추나 콩, 감자, 옥수수보다 블루베리, 다년생 오미자 등 특화작물의 수입이 좋다고 한다.

귀농·귀촌을 하고 싶은 사람들 중에는 자연을 지키고 훼손되지 않는 범위 내에서 조용한 삶을 살고 싶어하는 사람들도 있지만 곰배령 펜션 사업처럼 관광객 유치를 위해서는 많은 개발이 필요하다고 생각하는 사람들도 있다. 거기서 이해 충돌이 생긴다. 바라보는 관점이 달라서 새로운 일을 시작할 때 지역에 있는 사람들과 마찰이 있을 수 있다. 그럴 때는 '틀림'이 아닌 '다름'을 인정해야 한다. 이런 갈등이 잘 해소되는 마을에는 분명 특징이 있다.

"누가 이사를 오면 이장님이 밥부터 해놓고 부릅니다. 이삿짐 정리하느라고 힘들 텐데 와서 밥 먹고 가라는 거죠. 여기서부터 풀리는 겁니다. 시골은 밥과 술이에요. 서로 이야기를 하는 자리가 많아지면 많아질수록 순리대로 잘 풀리는 것 같아요."

그는 인제 사람들이 더 크고 넓게 보았으면 하는 생각을 갖고 있다. 인제의 명물인 황태 같은 경우만 해도 요즘 SNS가 발달돼 고객들이

인제군의 사회적경제 조직 간 연대가 유난히 끈끈한 비결은 바로 '밥의 힘'이다.

가격을 이미 다 알고 있다. 그런 사정도 모르고 도시보다 비싸게 파는
사람들이 있다. 또 대량 구매를 하겠다고 하면 원가 이하로 팔아서 손
해를 보기도 한다. 원가계산이 안되기 때문이다. 그는 외부의 시선에
그 해답이 있다고 생각한다. 각 분야의 전문가인 신중년들이 인제의
부족한 곳을 찾아 도움을 줄 수 있다고 믿고 있다.

그 예로 프리즘의 김현욱 대표를 들었다. 디자인을 하던 사람이 일
에 지쳐 일을 내려놓고 귀촌했는데 다시 디자인 회사를 하고 있단다.
인제 사람들은 디자인이 상품의 가치를 높인다는 생각을 하지 못했
기 때문에 기회가 생겼다. 새로운 눈으로 지역에서 할 수 있는 사업
들을 찾는다면 연초에 나오는 국비 공모사업에 도전해 볼 수도 있다.
그는 인제 사람들과 공동체를 만들어 조그맣게 시작할 수 있는 일들

이 가치가 있다고 말했다.

인제의 부족한 부분을 보완할 수 있는, 도시에서 온 전문가이자 사회적기업인 프리즘 대표에 대해 관심이 생겼다. 디자인 사업을 하다 지쳐 인제에 왔다가 디자인 회사를 운영하고 있다는 김현욱 대표를 만나러 인제에서 가장 높은 8층 짜리 건물에 자리잡은 프리즘을 찾았다.

먹고 사는 데 지장 없으면
대충 살아도 좋다

김현욱 대표는 비교적 젊은 나이에 인제에 내려왔다. 꼭 10년 전의 일이다. 서울에서 광고디자인 회사를 운영하며 하루에 4시간 이상 못 자며 일했다. 10대, 20대엔 죽어라 공부하고 30대, 40대엔 죽어라 일만 했다. 어느 순간 아무것도 하기 싫은 순간이 왔다.

"남들처럼 더 나이 먹고 은퇴한 후 60대에 다른 인생을 살겠다고 한다면 아마 그땐 에너지가 다 방전된 후라는 생각이 들었어요."

인제에 와서 처음 몇 달 동안은 강가의 큰 바위에 누워 하늘을 보거나 좋아하는 낚시를 하며 지냈다. 너무 행복한 시간이었다. 담배를 피울 때였는데 담배 사러 움직이기도 귀찮아 끊어 버렸다. 바위 위에서 빈둥거리는 그를 마을 이장님이 불러 저녁을 차려주었다. 혼자 살 때

프리즘 김현욱 대표는 죽어라 일만 하다 어느 순간 아무것도 하고 싶지 않은 순간이 왔을 때 미련없이 서울을 떠나 인제로 왔다. 사진은 한가로운 냇강마을의 풍경.

라 남이 차려준 밥이 참 맛있고 좋았다. 그것이 인연이 되어 하추리마을의 사무국장 일을 하게 됐다. 사무국장을 맡은 김 대표는 전임자가 받아놓은 사업비를 가지고 마을 사업을 진행했다.

"일이 싫어서 인제에 왔는데 몇 달 쉬다 보니 일을 하고 싶어졌는지 미친놈처럼 일을 했죠."

'하추리'란 말에 귀가 쫑긋했다. 몇 시간 전 방문해 차를 마셨기 때문이다. 나무와 햇빛이 가득한 멋진 하추리마을 카페의 모습이 떠올랐다. 아직 살아갈 날이 많기에 조용한 외곽에 정원 딸린 건물을 사서 작은 카페나 식당을 해 볼까 생각해 본 적이 있다. 그러다가도 그동안 너무 열심히 일했기 때문인지 내 사업을 하는 건 더 이상 싫었다. 급여를 받고 일한다면 괜찮을 것 같았다.

김 대표는 이런 내 생각을 듣더니 "선망의 마음을 갖고 일하면 실망할 수 있으니 자신의 가치관에 맞춰 일하는 게 좋다."고 조언했다. 시골엔 좋은 사람들이 많지만 귀촌하는 사람들을 많이 상대하면서 이들을 이용해서 이득을 보는 방법을 잘 아는 사람도 있다고 한다. 특히 땅을 살 때 조심하라고 했다.

하추리마을 사무국장을 그만둔 김 대표는 마을의 잡곡개발사업에서 포장재가 부족한 것을 발견했다. 당시만 해도 인제 사람들은 디자인에 비용을 쓰는 걸 이해하지 못했다. 포장재를 만드는 제작 비용 어디에도 디자인 비용은 없었다. 그래도 그가 해온 일이니 그냥 만들었다.

"잡곡을 일차적으로 파는 거 말고 포장을 잘해서 부가가치를 높이면 더 비싼 가격에 팔 수 있어요."

그렇게 마을사람들을 설득하고 포장지에 '인제군 5대 명품', '인제 레포츠' 등의 홍보 문구를 넣어서 군청에 갖고 갔다. 새로운 제품인데 디자인도 좋아 군청에서 주문이 이어졌다. 이것이 소문이 나자 다른 마을에서도 디자인을 해달라는 요청이 들어왔다.

행정기관에서도 디자인 의뢰가 왔는데 돈을 받으려면 사업자등록을 내야 했다. 그게 프리즘의 시작이었다. 처음부터 사업하려고 한 건 아니었는데 직원들이 늘어났다. 일하기 싫어 내려왔는데 7년째 디자

디자인이 하기 싫어서 떠나온 곳에서 디자인을 다시 하고 있다는 김현욱 대표. 하지만 야근하지 않고 먹고 사는데 지장이 없을 정도만 일을 하고 있다고 한다.

인 회사를 운영하고 있다.

"서울에서 내려오면서 마음먹은 게 있어요. 부를 축적하는 인생을 살지 말자. 그것 쫓아가다가 내가 하고 싶은 거 못 하고 산다. 먹고 사는 데 지장만 없으면 대충 살자. 그래서 지금 우리 회사의 목표는 야근이 없는 회사예요. 디자인 개발 회사가 야근이 없는 경우는 아마 전국에서 우리 밖에 없을 거예요. 우리는 창사 이래에 한 번도 야근한 적이 없어요. 혹시라도 6시가 넘도록 차리에 있으면 제가 빨리 가라고 쫓아내요."

나는 7년간 사회적경제기업을 운영하며 케이터링과 요리 교육을 했고 그중 3년은 점심만 판매하는 카페테리아를 운영했다. 직원들을 퇴근시키고 혼자 일한 적이 많았다. 5시 이후에 하는 케이터링은 따로 인력을 쓰거나 최대한 혼자 했다. 당나귀처럼 끙끙 손수레에 음식과 그릇을 싣고 세팅 후 행사가 끝날 때까지 기다렸다가 수거해서 가게에 정리해두고 나서 퇴근했다.

집에 와 침대에 누우면 온몸이 쑤시다 못해 화끈거렸다. 그런 일을 하면서 야근을 하지 않기는 어렵다. 대표는 주 7일 24시간 근무라고 생각하며 일했다. 직원이나 본인이 야근하지 않으려면 회사는 많은 것을 포기해야 한다. 야근이 없는 것이 원칙이라는 말에는 과거의 잘못을 되풀이하지 않으려는 김 대표의 굳은 의지를 느낄 수 있었다.

인제에서 디자인 회사를 운영하며 마주한 가장 큰 문제는 지역 사람들이 동네 간판집과 디자인 회사를 구분하지 못 한다는 것이었다. 우선 인제의 디자인 수준을 높여주고 싶었다. 인제는 자작나무 숲이 유명하지만 콘텐츠가 부족했다.

스스로 자료를 찾아 팸플릿을 만들고 자작나무 숲 캐릭터도 만들었다. 디자인 비용을 따로 받지 않는 일이었지만 이 일을 계기로 프리즘을 보는 시선이 달라졌다. 장기간의 투자가 필요한 일이었다. 그렇게 홈페이지 제작을 포함해 디자인과 관련된 일을 많이 하게 됐다. 가끔 힘에 겨워 '내가 또 일을 저지르고 있구나.' 하는 생각이 들면 멈추려고 노력한다.

인제의 인구는 3만 명인데 적극적으로 사회 활동하는 사람은 제한되어 있다. 이 점도 지역에서 자리를 잡는 데 많은 도움이 됐다. 인제는 인구 7만 명을 목표로 각종 지원 제도를 많이 만드는 등 인구를 늘

릴 수 있는 방법을 많이 고민하고 있다. 그렇기 때문에 기획 일을 할 수 있는 사람이 필요하다. 경험이 많은 신중년이 이곳에 와서 자기 역할을 충실히 한다면 얼마든지 기회를 잡을 수 있다고 말한다.

김 대표가 느끼는 인제의 가장 큰 장점은 여가 문화다. 도시에 비해 출퇴근 시간이 매우 짧다. 김 대표 자신도 채 5분이 걸리지 않는다고 했다. 그만큼 인생을 더 즐길 수 있다. 지하철 같은 도시 기반 시설이 부족한 대신 그 시설의 투자나 유지보수에 들어갈 비용이 개인에게 돌아간다. 예를 들어 인제와 원통은 10킬로미터 거리리인데 극장이 2개나 있다.

프리즘은 인제에서 가장 높은 8층 빌딩의 7층에 입주해있어 사무실에서 보는 경치가 좋다. 힘차게 흘러가는 소양강과 병풍 같은 초록색 산들이 펼쳐있다. 산이 많은 인제 사람들에겐 특별하지 않은 이 풍경에 김 대표는 매료됐다.

서울이라면 아무리 많은 돈을 줘도 이런 뷰view를 가진 사무실을 얻을 수 없다. 낚시를 좋아하는 그가 퇴근 후 소양강에서 낚시를 하고 귀가해도 밤 9시가 넘지 않는다. 사무실이나 집의 임대료도 서울에 비하면 4분의 1 정도라 훨씬 여유 있게 살 수 있다.

물론 지역살이에는 극복해야 할 일들이 있다. 돈이 되는 일은 누군가 하고 있기 때문에 거기 들어가서 경쟁을 한다는 건 힘든 일이다. 사람들은 아는 사람에게 일을 맡기려고 한다. 지역에선 한 다리만 건너면 다 친척이고 동창이다. 이 관계에서 살아남으려면 특별한 노력과 차별성이 필요하다. 프리즘이 버틸 수 있었던 이유는 이전에 간판집이 했던 일을 훨씬 더 잘 할 수 있다는 것을 보여줬기 때문이다. 그는 직원들에게 항상 얘기한다.

"여러분이 다른 사람들처럼 일하면 여기 있을 필요가 없고 우리 회사가 존재할 이유도 없다. 달라야 한다. 한 번 더 생각하고 노력하자."

타인의 행복을 위해
열정적으로 일하는 사람들

인제군 사회적경제지원센터의 관계자와 사회적기업을 운영하는 프리즘 김현욱 대표를 만나 이야기를 나눴다. 나 자신도 3년 동안 예비사회적기업을 운영한 것을 포함, 7년간 사회적경제 영역에서 사업을 했기 때문에 인제의 사회적경제 현황을 알려줄 수 있는 핵심적인 사람들을 만날 수 있어서 좋았다. 사회적기업은 자신의 장점을 살려 사업을 하면서 수익과 사회적 서비스 제공이라는 두 가지 토끼를 잡아야 한다. 두 가지 목적을 동시에 만족시키기 쉽지 않기 때문에 국가나 지역에서 여러 가지 지원도 나온다. 물론 그냥 주는 것은 아니다. 자기 부담금이 있고 갖춰야할 서류와 제약사항도 많다.

사회적경제기업을 운영하며 실제 사업보다는 지원되는 사업비에만 관심을 두는 사람들을 본 적이 있다. 이런 사람들이 사업비를 받을

인제에서 음식을 먹을 때마다 환대받는 느낌이었다. 이곳에서 먹은 밥은 기름지고 향기로웠다.

수 있게 사업계획서를 대신 써주는 브로커들이 있다는 이야기도 들었다. 하지만 나는 사회적기업들이야말로 국가의 손이 미치지 않는 취약한 곳의 복지를 개선하기 위해 적은 비용으로 온 힘을 다해 일하는 존재들이라고 생각한다. 국가가 직접 하면 큰 비용이 드는 일들을 타인의 행복을 이상으로 삼고 열정적으로 일하는 사람들, 그것이 내가 아는 사회적기업인들이다.

지원을 받아 쉽게 돈을 벌 수 있다고 생각하면 가시밭길을 걸을 수밖에 없다. 더불어 갈 수 있고 내 사업을 통해 누군가의 삶을 더 낫게 만들 수 있는 사람이라면 도전해 볼 만하다. 인제에서 그런 사업을 할 아이템이 있다면 인제군 사회경제지원센터나 프리즘 김현욱 대표에게 연락을 취해보길 권한다.

신중년인 우리는 이미 전문가다. 사람이 많은 도시에선 흔한 역량일지라도 인제같이 일할 사람이 적은 곳에선 그 능력이 환영받고 생각보다 오랫동안 일할 수 있다. 여행자의 삶을 원했던 나는 지역살이를 꿈꾼다. 다이빙처럼 신나는 새로운 것을 찾아 난 인제에 왔다. 인제의 시간 동안 내 자신의 특별함이 무엇인지 새로운 눈으로 바라보는 기회를 얻을 수 있었다.

인제 음식엔 자연의 힘이 있다

인제에 머무는 동안 여러 가지 음식을 먹었다. 냇강마을에선 동네 분들이 주변에서 딴 재료로 식사를 준비해 주셨다. 맑은 공기와 알프스 같은 예쁜 산과 계곡의 주택들, 큰 창 앞의 코스모스와 들꽃들은 장관이었다. 이런 경치를 앞에 두고 폐를 채우는 맑은 공기를 들이키면서 먹는 느낌은 최고였다.

주변에서 직접 딴 재료로 만든 음식은 일품이었다. 평범한 오이조차 달고 신선했고 가지나 호박 튀김조차도 바삭하니 느끼하지 않아 인기였다. 왜 이렇게 맛있지? 쌓여있는 부침가루를 봤는데 시중에 파는 일반 가루였다. 식후 마신 노란색과 주황색 꽃차도 창밖 풍경과 함께 우리의 소녀다운 감성을 자극했다.

한국DMZ평화동산에선 밥이 특히 맛있었다. 식당을 가득 채운 향

소양강 옆에 자리 잡은 음식점 소양호밸리마을에서 먹은 막국수와 수육. 인제에서 가장 기억에 남는 식당이었다.

굿한 밥 향은 한 달이 지난 지금도 내 코끝을 자극한다. 청정지역에서 나온 여러 잡곡을 섞은 밥은 말 그대로 기름기가 좔좔 흘렀다. 도시의 싸구려 식당에서 밥을 먹을 때 윤기는 나는데 찰기 없이 바스스한 밥을 먹을 때가 있는가. 그렇다면 쌀에 식용유를 넣어서 지은 밥일수 있다. 오래되고 푸석한 쌀에 넣은 기름은 밥에 윤기를 더해주지만, 맛과 향은 더 형편없게 만든다. 좋은 쌀은 탱글탱글하고 기름을 바른 듯 반짝인다. 이곳에서 먹은 밥은 정말 기름지고 향기로웠다. 밥에 영혼이 있다면 이런 밥은 천사의 모습일 것 같다.

신월리 달 뜨는 마을에선 자연산 송이가 들어간 라면이 가장 기억에 남는다. 송이의 향긋함이 라면 수프의 맛을 누르고 솔솔 올라왔다. 나누는 넉넉한 마음이 없었다면 절대 먹지 못했을 최고의 호사였다.

이동 중에 막국수, 돌솥밥, 황탯국 정식, 두부전골 등을 먹었다. 대부분 맛있었지만 가장 기억에는 남는 음식점은 소양강 옆에 자리 잡은 '소양호밸리마을'이었다. 채 썬 오이와 깨소금, 과일 향 가득한 빨간 소스와 검은 김 가루가 넉넉하게 뿌려진 막국수는 깔끔했다. 투박한 수육은 잡내 없이 입안에서 살살 녹았다. 곁들여진 파무침은 새콤달콤 입 안을 닦아 주었고 콩국수는 엄청 진했다. 너무 진하면 물을 부어 먹으라는 안내문이 붙어 있었다. 나중에 들은 얘기로는 사장님이 새벽에 발을 헛디뎌 넘어져서 눈을 부딪쳤다고 한다. 예약 손님이 있어 안 보이는 눈으로 이 모든 음식을 했다고 하니 더 고마운 마음이었다.

인제의 음식엔 자연의 힘이 들어 있다. 특히 숙소로 묵었던 곳의 음식은 고객이 아닌 자기 집에 방문한 손님을 위해 차린 음식의 느낌이 있었다. 인제에서 마지막 일정을 마치고 신월리 마을에서 하루 더 보냈다. 같이 있던 사람들과 살아온 이야기를 나눴다. 특히 김경림 사무장의 이야기는 동갑이라 그런지 친구처럼 애틋한 마음이 들었다. 다음 날 그녀는 밥은 먹여 보내야겠다고 아침 일찍 찾아와 따끈한 밥상을 차려냈다. 기대하지 않았던 그 밥을 먹으니 참 고맙고 행복한 마음이 들었다. 이것이 바로 환대의 힘이다.

요리를 시작한 지 12년이 되었다. 어쩌다 보니 늦은 나이에 요리사의 길을 걷게 됐다. 돈을 받을 만큼의 실력을 기르기 위해 노력했다. 그게 공정한 일이니까. 어렸을 때부터 공정하지 않은 세상이 싫었다. 약자의 삶을 개선하고 싶었다. 대학생 때도 장애인을 돕는 동아리

다이빙처럼 신나는 새로운 것을 찾아 인제에 왔다. 인제의 시간 동안 내 자신의 특별함이 무엇인지 새로운 눈으로 바라보는 기회를 가졌다.

에 가입했고 요리사가 되어서도 미혼모센터에서 신생아 돌보는 봉사를 했다. 내 없는 힘을 쥐어짜도 세상은 별로 나아지지 않았다. 요리를 통해 장애인과 미혼모의 건강을 돕는 '텐먼스맘'이라는 기업을 만들었다. 어쩌다 식당까지 떠안게 됐다. 망하지 않기 위해 고군분투했다. 남들은 요리한다고 하면 낭만을 떠올리지만 내겐 절박함이었다.

코로나로 이집트에 머물던 동안 사람들을 초대해 같이 밥을 먹곤했다. 메뉴를 정하고 장을 보고 불을 사용해 공들여 음식을 준비했다. 하나 둘 사람들이 모이고 우리는 함께 음식을 먹으며 즐겁게 지냈다. 코로나 팬데믹으로 언제 고향에 가게 될지 알 수 없어 두렵기도했지만 같이 밥을 먹으면 그날은 참 풍요로운 느낌이었다. 이렇게 나도 요리하는 즐거움을 알게 되었다. 환대의 음식엔 그런 힘이 있다.

고영숙

신중년 늦은 후반에 글쓰기에 재미를 느끼고 있다. 잠재된 것들이 용기를 내 세상으로 나왔다. 그
속에 글쓰기가 포함될 줄이야! 여행처럼 시작하는 지역살이 가이드북 공동 저자로 책이 출판되었
을 때의 잔잔한 감동. SNS에서는 블로그에 글을 쓴다. 자원봉사로 매월 1회 남편과 함께 어르신
들에게 치매 예방 교육과 인지 프로그램을 진행하는 것은 인생의 또 다른 활력소다.

평화와 생명에서 미래를 보다

'모소 대나무' 같은 신중년의 성장

"언니는 공주병이야. 건드리면 깨지는 투명한 유리병 같아서 뭘 못 시키겠네."

일 못한다는 핀잔 겸 놀림의 말들을 오래도록 듣고 살았다. 힘든 일을 조금만 하면 체력을 이기지 못해 편두통으로 드러누웠으니 말이다. 만사가 소극적이었던 내가 남편의 퇴직을 기점으로 달라지기 시작했다. 신중년 대열에서 삶의 방법을 조금씩 바꿔보기로 한 것이 변화의 계기가 됐다.

집 안 정리가 되어 있어야 마음 편히 다른 일을 할 수 있었던 나 자신의 낡은 틀부터 깨보기로 했다. 며칠씩 청소를 안 해도 "괜찮아, 괜찮아."하며 스스로를 다독였다. 생각이 행동으로 바뀌기까지는 시간이 필요했지만 깨끗해야만 한다는 틀에서 벗어나니 여유를 찾게 됐다. 이런 변화를 보고 남편은 회갑 기념이라며 골프 세트를 선물했다. 배우기에 늦지 않았을까 하는 우려를 뒤로 하고 골프에 도전했다. 갈비뼈에 실금이 가는 부상이 생겼을 때는 후회도 했지만, 늦었다고 생각할 때가 가장 빠르다는 말처럼 더 늦었으면 힘들었을 골프가 이제는 건강에 큰 도움을 주고 있다.

뒤늦게 배운 골프는 남편과의 훌륭한 대화 창구가 돼 주었고, 한 방향을 보고 앞으로 나아가는 운동의 특성에서 서로 배려하는 마음을 배울 수 있었다. 어느새 남편에게 조언까지 하는 모습에 스스로 놀라기도 한다.

컴퓨터를 배우자마자 50+세대에 알맞은 일자리로 연결됐다. 서울시도심권50플러스센터에서 동년배들과 함께 배우고 일하며 강의를 듣고 후기를 올리는 것이 나의 일이다. 걷기를 좋아하지 않아 자동차를 자주 이용했었는데 습관이 바뀌어 이제는 버스와 지하철로 출근하면서 오히려 활력을 느낀다.

"나이가 들어도 공부하며 일하는 사람은 성장이 멈추지 않는다."

어디선가 들었던 이 말에 힘을 얻어 매일 새롭게 도전하고 싶은 의지를 불태우고 있다. 앞으로는 SNS를 모르면 뒤떨어진다는 생각에 지원한 'SNS전문가양성과정'을 통해서 지금까지와 다른 새로운 세상을 알게 됐다. 하루에 한 편씩 블로그에 100일 동안 글을 올리는 '블로그 100일 챌린지'에도 도전했다. 밤늦게까지 컴퓨터 앞에 앉아 매일 블로그에 글을 쓰는 것이 쉽지 않았지만, 고난의 시간을 통과하니 성취감이 높았다.

그밖에도 용산구치매안심센터에 한 달에 한 번씩 나가 부부가 함께 하는 치매 예방 프로그램인 '해피 브레인' 봉사를 하고 있다. 지역 어르신들을 대상으로 남편이 먼저 치매 예방 교육을 하고 나면 나는 센터 직원과 함께 만들기와 그림그리기 등 인지 프로그램을 진행한다. 수업이 끝나면 몇 번이나 고맙다는 인사를 듣게 된다.

"재미있었어요. 언제 또 하나요?"

이렇게 다들 좋아하시니 어느 곳이든 봉사가 필요하면 달려가고 싶은 마음 가득하다. 배움과 봉사, 일, 도전을 통해 새롭게 성장하고 있는 내 모습을 보며 '모소 대나무'가 떠올랐다. 모소 대나무는 4년 동안 고작 3센티미터 밖에 성장하지 않지만 5년 째부터 폭풍 성장을 한다고 한다. 나도 인생 2막을 맞아 이렇게 폭풍 성장하고 있다. 신중년들과 함께 《남원에서 살아보기》, 《강릉에서 살아보기》 책자의 공동 저자로 참여하는 기회도 잡았으니 말이다.

남원에 대해 깊이 알아보고 체험하면서 여행처럼 시작하는 지역살이에 관심을 가지게 됐다. 여름휴가를 가족들과 함께 《남원에서 살아보기》 책 속의 장소들을 다녀왔다. 책의 영향일까? 몇 년 사이에 남원이 많이 달라졌다는 느낌을 받았다. 남원의 이곳저곳을 안내하다 보니 '내가 남원 사람인가?' 하는 생각에 미소가 지어졌다. 한 지역을 여행이나 살아보기를 경험한 사람은 그곳에 애정이 생기고 팬이 되는가 보다.

지역살이에 관심이 깊어질 때 우연히 지역 소멸에 관한 TV 프로그램을 봤다. "서울에 인구가 집중되고 지역 인구가 줄어 지역이 소멸한다면 그것은 곧 머리만 커지고 손과 발, 지체(肢體)가 없어지는 것과 같다."라는 서울시립대 정석 교수의 열변에 소름이 돋았다. 신중년이 나서야 할 때라는 느낌이 왔다. 지역살이가 아니라도 괜찮다. 일주일, 한달살이, 몇 박 며칠의 여행으로라도 지역의 팬이 되고 관계인구가 되고 싶다. 이런 마음으로 남원과 강릉에 이어 이번에는 인제행 버스에 올랐다.

생명의 열쇠로 평화의 문을 열다

"바로 이 맛이야!"

맑은 공기가 폐 깊숙이 시원하게 들어왔다. 인제가 자랑하는 깊은 산과 맑은 물, 청정한 하늘빛에 발걸음이 가볍다. 개발의 손길을 피해 자연을 지킬 수 있었던 것이 어쩌면 DMZ에서 가까운 접경지역이었기 때문이라는 생각에 DMZ가 더욱 소중하게 다가왔다. 인제로 향하는 44번 국도변 '38선휴게소' 내 '38커피'에서 소양강을 시원하게 바라보며 커피 한잔을 마시고, 북쪽을 향해 34킬로미터를 달려 서화면에 위치한 한국DMZ평화생명동산에 도착했다.

한국DMZ평화생명동산의 정성헌 이사장.

　DMZ라는 단어만 들어도 긴장감이 느껴진다. 하지만 멀지 않은 인근 마을인 서화면이 환히 내려다보이자 마음이 편해졌다. 이곳에서 한국DMZ평화생명동산 정성헌 이사장을 만났다.

　"제 직업은 안내원입니다."

　정 이사장은 유치원 아이들부터 노인에 이르기까지 이곳 한국DMZ평화생명동산을 찾는 이들을 안내하는 것이 자신의 역할이라며 미소를 지었다.

　접경지역이면서 군사보호시설이 많은 이곳에 평화와 생명을 알리기 위한 교육시설을 만들게 된 데에는 재미있는 이야기가 있었다. 인제군에서 민통선 안쪽 옛 마을에 출입 영농을 위한 답사 요청을 해 왔다. 가서 보니 계획대로 농사를 짓는다면 당시 연간 8억 원 정도의 수

입이 예상됐고, 이것은 곧 서화리 주민들이 바라는 것이기도 했다. 하지만 정 이사장의 생각은 달랐다.

"생명에 이롭고 평화에 도움이 되는 곳으로 사용하면 좋겠다. 우리나라뿐만 아니라 인류에 도움이 되도록 하자."

정 이사장의 제안을 이승호 인제군수가 열린 마음으로 받아들이면서 한국DMZ평화생명동산이 탄생했다. 벌써 설립 24년째를 맞고 있으니 정 이사장에게 '평화'와 '생명'이라는 두 단어가 너무나 소중할 수밖에 없다.

한국DMZ평화생명동산은 3만 7,000평 대지에 교육장, 숙박시설, 사무동을 제외하면 나머지 공간이 자연 생태 정원으로 이루어진 교육 마을이다. 목(木), 화(火), 토(土), 금(金), 수(水)의 오행에 맞춰 우리 몸에 좋고, 질병 치료에 도움이 되는 나무와 약초를 재배하고 있는 '생명 살림오행동산'은 그 어느 곳에서도 찾아보기 힘든 독특한 공간이다.

나지막한 숙박동 지붕 위에는 풀들이 자란다. 건강한 몸을 위한 오행 순환의 집과 태양광 전기를 활용한 자연에너지 체험장도 운영한다. 승효상 건축가에게 의뢰해서 지은 이곳은 전체 건축물이 최대한 자연과 순환하도록 설계했다. 사람과 자연이 공존하도록 환경을 만들어 실천하고 있음이 느껴졌다.

77세 인생 선배의 50세부터의 이야기에 빠져들었다. 정 이사장은 가톨릭농민회에서 활동하다 우리나라에서 밀 농사가 사라지기 직전 우리밀살리기운동본부장을 지냈다. 50대에 위암 수술을 했는데, 젊

승효상 건축가가 설계한 한국DMZ평화생명동산 건물. 지붕 위에 잔디와 풀들이 자라고 있다.

은 시절 술, 담배를 많이 하며 몸 관리를 하지 않아서 그렇다고 고백한다. 고향인 춘천에 내려와 10년을 살면서 완치 판정을 받았다니, 요즘 인기 프로인 '나는 자연인이다'의 주인공이라도 된 듯 보였다. 새마을운동중앙회 회장 시절에는 새마을운동을 생명평화운동으로 바꾸었다. 하지만 본격적인 교육과 실천 운동을 확산하고자 할 때, 중도 하차하게 된다. 꿈을 이루지 못해 아쉽지만 어디서든 우리가 함께하면 희망이 있다고 했다.

"세상에 제일 의로운 일이 다른 생명을 구하는 거예요."

스위스에서는 식량 위기가 오면 공공 건물터에 심을 것, 골프장에 심을 것 등에 대한 계획이 되어 있다는 정 이사장의 말에 15년 전 독일에 갔을 때의 기억이 떠올랐다. 넓은 땅에 유채꽃과 들꽃들이 피어 있어서 이런 땅을 왜 그냥 두냐고 물었더니 식량 위기를 대비해 남겨놓은 것이라고 했다. 그들의 철저한 준비가 부러웠다. 이렇듯 선진국들은 오래전부터 식량안보에 철저한 대비를 하고 있는데 과연 우리는 기후 위기나 식량 무기화라는 현실적 과제에 대비를 하고 있는지 궁금했다.

현재 우리나라의 식량자급률은 20퍼센트 선이라고 한다. 만약 기후 위기로 흉년이 들거나 전쟁으로 수입이 막히면 지금 추산으로 800만 명 정도가 굶어 죽는 심각한 상황이 벌어진다고 한다. 그 해법으로 골프장이나 공공용지 땅을 확보해 식량난을 대비하자는 것이다. 수확이 빠른 감자, 메밀 등의 씨앗이나 종자를 준비해놓고 비상사태가 그해 발생하지 않으면 새 씨앗이나 종자를 준비하고 기존 것은 파는 것이다. 그야말로 적은 비용으로 식량 위기에 대처할 수 있는 훌륭한 방법이다.

정 이사장은 비료와 농약을 쓰지 않는 유기농법을 실천하면서 한국DMZ평화생명동산에서 생명을 구하는 일을 하고 있다. 사람의 몸이 산성화되면 많은 질병과 암이 생겨나듯, 땅도 농약과 비료를 많이 주면 산성화되어 벌레가 많이 생기기 때문에 약 알카리성으로 바꿔줘야 한다. 무농약, 유기농 농법으로 바뀐 지 3년 만에 사라졌던 반딧

프로그램 참가자들이 정성헌 이사장의 강의를 경청하고 있다.

불이가 나타나 수백 마리가 날아다닌다고 했다. 반딧불이가 사는 곳
은 생태 환경이 잘 보존된 곳이라고 볼 때 자연의 생명력이 경이롭기
까지 하다. 관광에 대한 관점도 남달랐다.

"사람 관광이 진짜 관광입니다. 빼어난 인제군의 산과 들, 물과 더
불어 뛰어난 인제 사람이 되어야 하죠. 주민의 인문적 소양이 깊고,
높은 수준의 문화가 갖춰지고, 거기에 넉넉한 인심까지 더해지면 다
시 오고 싶은 곳이 됩니다."

고개가 절로 끄덕여졌다.

"인제군 모든 마을에 반딧불이가 살아난다면 누가 좋아할까요?"

정 이사장은 관광객이 아니라 그 지역 사람이라고 했다. 주민들이
바뀌지 않는 한 그 지역이 좋아질 수 없다고도 했다.

탄소 중립 문제에 대해서는 인류 전체가 육식을 절반만 줄여도, 전

정성헌 이사장과 함께 평화라는 단어를 들고 기념촬영을 했다.

후방 효과로 인해 온실 가스 배출량의 3분의 1 정도를 줄일 수 있다.
국민이 실천하게 되면 정부와 기업도 따라오게 된다. 이산화탄소 흡
수율이 높은 양삼(케나프) 심기를 권장했다. 성장 속도가 빨라 땅이 좋
은 곳에서는 1년에 3~5미터가 자라는 1년생 풀이다. 활발한 광합성
으로 갈참나무보다 9배나 탄소 흡수 능력이 탁월하며 가축 사료로도
활용되는 친환경 작물이다. 탄소 흡수는 물론 효용가치까지 높아 전
국으로 확산시킬 계획이라 한다. 벌써 국회 마당에 얼마만큼 심을 수
있는지 실사와 논의를 했고, 평화생명동산에도 심었다.

　인제는 군인이 많은 곳이다. 12사단을 국방부 지정 시범사업부대
로 만들고 싶어 했다. 제대하기 전까지 체계적으로 기후 환경교육을
실시해 기후 환경 관련 자격증, 신재생에너지 관련 자격증, 유기농
관련 자격증 등을 따서 환경 지킴이 역할을 하도록 하겠다는 것이다.

정 이사장은 그밖에도 교양도서를 50권 씩 읽도록 추천해서 인문적 소양을 쌓도록 하고 싶은 마음이다. 국토를 지키는 군인의 역할과 기후 부대 역할을 통합하게 하는 큰 꿈을 실현하기 위해 인근 부대와 협력은 물론 국방부장관과 면담도 추진하고 있다고 한다. 최전방 접경 지역에서 군 생활하는 젊은이들이 기후 환경 전문가가 되어 제대 후 기후 위기 극복에 앞장서기를 희망해 본다.

이렇게 좋은 아이디어가 생각으로만 머물면 안 된다는 사명감까지 솟아난다. 자연 생태계로 바뀐 이곳에 뱀과 구렁이가 있다는 말에 강의동에서 숙박동까지 손전등을 서로 비춰주며 어둠을 헤치고 걷던 시간은 특별한 체험이며 즐거움이었다. 이곳에서 하룻밤을 보내고 이튿날 한국DMZ평화생명동산을 함께 지켜온 황호섭 사무국장을 만나 좀 더 많은 이야기를 듣기로 했다.

환경과 자연 지킴이로 나선 젊은 부부

기후 변화에 따른 온난화로 미래의 과일 재배 지도가 바뀐다는 소식이 들린다. 사과라고 하면 경북, 충북이 먼저 떠올랐던 상식이 인제에서 탐스럽게 여문 사과 따기 체험을 하면서 깨졌다. 고향인 강원도의 어릴 적 추위를 생각하면 이곳에서 사과를 재배할 수 있을 것이라고는 상상도 하지 못 했다.

한국DMZ평화생명동산의 황호섭 사무국장(가운데). 왼쪽에서 두 번째가 필자.

인간이 함부로 살아서 생긴 지구온난화의 영향이라는 생각이 피부에 와닿는다. 기후 위기와 생태 환경을 느끼고 말하는 사람은 많다. 하지만 그것을 자신의 삶 속에서 실천하며 살아가는 사람은 흔치 않다. 한국DMZ평화생명동산 황호섭 사무국장이 바로 그런 사람 중 하나다.

13년 전, 30대의 풋풋한 부부가 아기와 함께 인제에 살려고 왔는데, 벌써 그들도 벌써 50대로 접어들었다. 서울에서 환경운동연합과 생태지평연구소에서 일하며 DMZ 생태계 보전과 습지 보전을 위한 환경 운동을 했다. 그가 젊은 나이에 인제로 내려오게 된데는 계기가 있었다. 당시 생태지평연구소 고문이었던 정성헌 이사장의 제안 때문이었다.

"DMZ에서 가장 인접한 인제에 교육공간을 만들고 그 현장에서 생명을 살리는 일을 같이해보면 좋지 않겠나?"

보통 귀촌에 대해서 여자들의 반대가 많지만, 이 부부는 달랐다. 아내가 먼저 망설임 없이 인제살이 결정을 내렸다고 했다. 환경 운동을 함께하던 동료였다는 말에 고개가 끄덕여졌다. 아마도 인제는 환경을 지켜내야만 하는 곳이라고 느꼈기 때문이 아닐까라는 생각을 했다. 지역살이에 앞장선 아내가 지금은 인근 초등학교에서 아이들에게 환경과 기후, 평화 등과 관련된 다양한 책을 읽어주고 있다. 그밖에 학교 텃밭 가꾸기, 평화생명동산에 온 학생들 교육 활동도 하면서 부부가 함께 환경 운동을 하고 있다.

"인제에 일찍 오길 잘했다는 생각이 들어요."

환경과 자연을 사랑하고 지키려는 선함이 그의 가정에도 녹아있는 듯했다. 귀촌이 꼭 농사짓기를 의미하는 것은 아니다. 교육 활동도 얼마든지 할 수 있다. 하지만, 지역에서 이런 활동을 할 수 있는 사람들이 그리 많지 않다고 하니, 50+세대들이 지역살이를 할 때 일거리 중하나로 환경이나 생태 교육에 관한 것을 생각해 봐도 좋을 듯싶다.

정성헌 이사장이 한국DMZ평화생명동산의 큰 틀을 잡았다면 황사무국장은 구체적인 기획과 실무를 담당했다. 이곳에서는 DMZ가 가지고 있는 역사 문화 생태적 가치를 기본으로, 그 바탕 위에 평화와 생명을 교육한다. 또 오랜 기간 군사시설보호지역으로 소외되어 어려웠던 접경지역 주민들의 삶의 질이 좋아질 수 있도록 DMZ 일원의 자연환경보전과 지속 가능한 발전을 함께 추구하고 있다.

한국DMZ평화생명동산 숙소 앞 정원에서 흔하게 볼 수 있는 거미줄.

이러한 목표를 위해서 이곳의 관리도 자연 그대로를 유지하는 방법으로 이루어지고 있다.

숙소 앞 정원의 들쑥날쑥 자란 풀들이 자연스럽고 편안하다. 풀과 풀 사이에 선명한 거미줄이 여기저기 만들어진 모습에서 생명을 살리는 곳임이 느껴졌다. 신기하기도 하면서 자연의 살아있는 그대로의 모습이 경이로웠다. 정원에 무성한 잡초가 방치되어 있는 모습을 보고 왜 가꾸지 않느냐고 물었다.

"뭘 뽑을까요? 잡초는 과연 뭘까요?"

황 사무국장이 반문했다. 사람들은 자기가 심지 않은 것을 잡초라고 생각하는 것 같다며, 쑥 이야기를 꺼냈다. 쑥은 워낙 잘 자라 다른 작물의 성장을 억제하여 눈총을 받는다고 했다. 하지만, 척박한 땅에 쑥이 정착하면 지렁이가 다니고 땅을 좋게 만들고 중금속이나 오염물질을 빨아들이는 역할도 한다니 어찌 함부로 뽑을 수 있겠는가.

"잔디밭에서는 쑥이 잡초지만, 쑥 농사를 짓는 쑥밭에서 벼가 자란다면 오히려 잡초가 될 수 있죠."

황 사무국장의 말에 자연에 대해서도 내가 얼마나 고정관념에 얽메어 있었는지 반성하게 됐다.

자연은 최선의 선택을 한다. 경쟁하기도 하고 더불어 살아가기도 하면서 조화로운 모습을 만들어 간다. 그의 설명을 듣다 보니 어수선한 느낌의 잡초밭이 생명 존중과 화합의 하모니를 이루는 동산임을 깨닫게 된다. 이곳은 예초기도 쓰지 않는다고 한다. 평화와 생명을 교육하는 곳에서 풀의 생명을 쳐내면서 지구 환경을 악화시키는 이산화탄소를 내뿜는 기름을 사용할 수 없다는 말에서 자연을 진심으로 사

서화 평화도서관. 많은 책과 넓은 공간은 지역의 어린이와 청소년은 물론 주민들이 편안하게 책을 가까이하며 삶을 풍요롭게 만들어 가는 문화 및 교육 현장이다.

랑하고 실천하는 마음이 진하게 느껴졌다. 야생화, 거미줄, 반디 애벌레, 방아깨비, 지렁이 등이 자연과 더불어 조화롭게 살아가고 있다.

내부시설 중 하나인 서화 평화도서관을 둘러보고 그 규모에 놀랐다. 많은 책과 넓은 공간을 갖춘 이곳은 지역 어린이와 청소년은 물론 주민들이 편안하게 책을 가까이하며 삶을 풍요롭게 만들어 갈 수 있는 문화 및 교육의 현장이라고 한다. 이곳을 이용하는 주민들과 어린이들의 모습을 상상하는 것만으로도 흐뭇했다.

유네스코 아시아태평양 국제이해교육원에서 4박 5일 과정의 교육을 받으러 교육생들이 입소하는데 그중 아프리카에서 온 교육생 한 명이 땔감이 부족해 연료가 없다고 했다. 작은 연료로 큰 효율을 내는 로켓 스토브를 소개하면서 설계도를 주고, 식생활 교육으로 수제비 만드는 법도 가르쳐 주었다고 한다. 황 사무국장은 그들이 돌아가서 너무 큰 도움을 받았다며, 스토브를 활용하는 사진을 보내왔을 때 보람을 느꼈다.

강원도에는 텃밭이 있는 학교가 많지만 학교 텃밭이 아이들의 생명교육과 연계되지 않고 선생님들의 채소밭으로 운영되는 것을 아쉬워했다. DMZ평화생명동산에서는 초등학생들에게 텃밭 교육을 할 수 있는 강사양성 교육을 시범적으로 하고 있으며 앞으로 본격적으로 파견 교육을 하려고 계획 중이다.

우리나라에서 첫 번째 람사르 습지로 등록된 대암산 용늪이 평화생명동산에서 10킬로미터 정도 거리에 있다. 황 사무국장은 습지 관리

오행순환의 집 아래에 야생화가 만발했다.

와 보존 사업에 지역 주민들이 함께 참여할 수 있도록 도와주며, 그 속에서 일자리를 얻고 자연과 더불어 지속 성장이 가능하도록 돕는 활동도 활발히 하고 있다.

전 세계 야생 두루미의 수가 2,000마리 정도인데 그 가운데 90퍼센트가 철원, 파주, 연천에 온다. 특히 전 세계의 열 다섯 종류의 두루미 가운데 일곱 종류의 두루미가 철원, 연천으로 날아온다. 두루미들에게 우리나라는 매우 중요하며 지구상에서도 최고의 장소다.

전 세계의 두루미들이 우리나라로 오는 가장 큰 이유가 바로 비무장지대의 존재인데 이 공간이 점점 줄어들고 있다고 한다. 원래 남과 북 각각 2킬로미터 씩 4킬로미터 구간으로 설정되어 있었는데 남북이 서로 이 공간을 잠식해 들어오는 바람에 2킬로미터 정도로 줄었다고 한다.

그렇게 줄어든 민통선 안으로 사람들이 들어오게 되었고, 사람을 싫어하는 두루미들이 당연히 그 지역에 오지 않게 되는 안타까운 일들이 벌어졌다. 얼마 전에는 인제뿐만 아니라 우리나라 생태계의 보고인 DMZ 전체 보존에 대한 지역의 목소리를 모아 DMZ일원생명평화시민연대를 만들었다고 한다. 그는 '지역조력가'이면서 DMZ 전체 평화생명운동을 이어가고 있었다.

황 사무국장의 안내로 오행동산 정원을 보러 나섰다. 지붕 위에 핀 노란 마타리, 언덕에는 구절초, 벌개미취, 쑥부쟁이 평화생명동산 곳곳이 자연이 만들어 준 화원이었다. 식량이 된다는 밤나무, 관절에 좋다는 마가목, 혈행에 좋다는 천궁 등 오장육부를 튼튼하게 하는 약초와 식물들이 정원에 가득했다. 곤충들을 위해 나뭇가지를 쌓아서 만든 곤충 호텔도 눈길을 끌었다.

평화는 궁극적으로 자연과의 평화였다. 평화 생명 운동의 선후배 관계인 두 사람을 만나보니, 그들이 생각하고 움직이는 현장은 바로 생명이 살아나는 곳이었다.

50+세대들이 평화 생명 운동에 동참하는 것은 현재와 미래를 구하는 길이라는 것을 절감했다. 작은 힘이라도 보태야겠다는 다짐을 하며 또 다른 평화를 꿈꾸었던 만해의 자취를 찾아 만해마을로 향했다.

보랏빛 물든 버들마편초와 만해마을

길옆에 핀 버들마편초라는 보라색 야생화가 여행객들에게 멋진 기념촬영의 배경이 되어 준다. 이 자연의 '포토존' 아래에서 실컷 웃으며 멋진 기념사진을 한 가득 찍고 나서 건너편 만해마을로 발걸음을 옮겼다. 만해마을은 시인이자 독립운동가인 만해 한용운 선생의 수행 공간으로 멀지 않은 곳에 그의 출가 사찰인 백담사가 위치해있다.

"자유는 만유의 생명이요, 평화는 인류의 행복이다."

만해문학박물관에 들어서면 처음 눈에 들어오는 글귀와 다양한 사료들이 만해의 사상을 전해준다. 문인의 집에는 일반인들의 숙소와

만해마을 건너편에 핀 버들마편초 야생화.

연수원이 있고, 별도의 청소년들을 위한 수련원이 있었다.

'만해와 함께하는 DMZ평화생명문학제'에 대한 안내와 님의 침묵 산책로에 걸린 '만해의 생명 사상을 바탕으로 한 생태 체험 교실' 현수 막이 이곳에서 일어나는 활동을 알려준다. 겨울에는 글을 쓰거나 그림을 그리는 사람들이 오래 머물며 작업을 하기도 한단다.

문인의 집 건너편 '깃듸일 나무'라는 북카페는 차 한잔의 여유로움 속에 작품 구상도 제격일 것 같은 분위기다.

님은 갔습니다. 아 아, 사랑하는 나의 님은 갔습니다.

푸른 산빛을 깨치고 단풍나무 숲을 향하여 난 작은 길을 걸어서

젊었을 땐 보이지 않았던 소박한 자연의 모습이 이제야 조금씩 눈에 들어오기 시작한다.

50+세대들에게도 익숙한 만해 한용운의 시 '님의 침묵'을 집필한 곳이 인제라는 것도 이번에 처음 알았다. 그러고보니 시 구절에 등장하는 표현들이 인제의 산과 나무, 하늘과 닮아 있다는 생각이 든다.

강원도 화천이 고향인 나는 어릴 적 시릴 만큼 푸른 자연 속에서 성장했다. 하지만 그때는 그 자연이 그렇게 아름답고 소중한지 몰랐다. 젊었을 땐 보이지 않았던 소박한 자연의 모습이 이제야 조금씩 눈에 들어오기 시작한다.

60대 중반에 접어든 나이에 처음으로 찾게된 인제. 생생한 생명이 어울려 살아가는 하늘, 땅, 물, 사람의 조화로운 아름다움에 흠뻑 빠졌다.

김석용

새로운 과제를 발견하고 해결하는 것을 즐긴다. 양평에서 청년들과 '청년마을 만들기' 사업을 시작했다. 강릉, 포천, 남원, 인제에서 살아보기를 하면서 지역을 배운다. 남원에서 살아보기를 하고 '50+남원베이스캠프' 커뮤니티에서 활동한다. 현재 '더케이해피브릿지' 창업닥터, 양평문화재단 이사로 일하고 있다.

동물해방물결 · 신월리 달빛산책 · 어론습지생태공원

청년들, 위기의 소를 구출하다

인제와 두 번째 만남

인제에 처음 머물렀던 것은 2005년 경이다. 대안학교인 이우학교 학생들이 백두대간을 종주하고 점봉산 단목령에서 설피밭마을로 내려올 때 우리 학부모들이 마중하러 갔다. 텐트와 천막을 치고 음식을 준비하는 일을 설피밭마을 사람들이 도와주었고 이를 인연으로 해마다 몇 번씩 이 마을을 찾아가 민박을 하며 인제를 즐겼다.

이우학교는 전국 최초로 설립된 특성화 대안중·고등학교다. 당시 나도 이 대안학교 설립에 참여했다. 인제에서 처음 '동물해방물결'을 만났을 때 이우학교와 많이 닮았다는 생각이 들었다. 더불어 산다는 철학이 그랬다. 더불어 사는 주체는 사람뿐 아니라 생명, 즉 동물과 자연을 포괄한다. 또 하나는 자유인이다. '동물해방물결'의 활동가들이 동물권 문제를 찾아내고 행동에 옮기듯이 이우학교의 학생들은 학생 활동을 스스로 기획하고 결정했다. 체육대회, 수학여행은 물론 백두대간 종주도 학생들이 기획하고 실행한 행사였다. 선생님과 학부모는 학생들의 결정을 존중하고 응원했다. 이우학교 학생들이 백두대간을 종주한 덕분에 인제, 점봉산, 곰배령, 설피밭마을과 인연을 맺은 셈이다. 그 뒤부터 설피밭마을에서 곰취 등 봄나물을 뜯고 점봉산, 곰배령을 자주 올라갔다.

점봉산은 흙산이라 산행하기가 수월했다. 하지만 등산로를 멧돼지들이 다 파헤쳐 놓은 모습을 보고 산행을 하다가 마주칠 것 같아 불안했다. 아니나 다를까, 언젠가 산행 중 저만치에서 지나가는 한 무리의 멧돼지를 발견하고 섬찟 놀랐다. 선명한 줄무늬의 새끼들을 데리고 이동하는 멧돼지 가족의 모습을 보니 무섭다기보다는 평화로운 느낌이 먼저 들었다.

여름철 곰배령은 천상의 화원이라는 말처럼 솔나물, 참취, 곰취, 두메고들빼기, 마타리, 둥근이질풀, 영아자, 산꼬리풀, 톱풀 등 꽃들이 만발했다. 민박집 앞에서 합류하는 북암령, 단목령, 너른이골의 계곡물은 텀벙 몸을 담그지 않아도 시원했다.

처음 인제에 갈 때는 홍천에서 44번 국도를 타고 갔다. 44번 국도는 빨리 간다는 것을 빼면 별 재미가 없었다. 그 이후로는 444번 지방도로로 구불구불 한가하고 여유롭게 다녔다. 산과 들과 개울은 그 계절에 맞춰 아름다운 그림을 그렸고 개구리, 풀벌레, 새들은 노래를 불렀다. 어느 초여름 금요일 밤, 호젓하게 지방도로를 달릴 때 아내는 차창으로 불어오는 바람과 개구리 울음소리에 탄성을 질렀다. 야호! 달리는 차라고는 우리 차뿐이었다. 얼마나 신났던지.

모내기를 마친 논에서 개구리들은 어느 동요의 가사처럼 아들, 손자, 며느리가 다 모였는지 목청도 참 좋았다. 운전하기도 편했고 풀벌레, 개구리 우는 소리를 들을 수 있는 여유가 있었다. 행치령에서 잠시 쉬면서 굽이굽이 산수화를 그리고 있는 인제를 만났다. 조용히 흐르던 계곡물은 어느새 우당탕 쿵탕, 내린천으로 바뀌었다. 이 444번 지방도로와 내린천, 그리고 곰배령과 설피밭마을의 장면들이 내게는 인제의 첫인상으로 남아 있다.

인제와의 두 번째 만남은 '동물해방물결'의 활동가들을 만나면서 시작됐다. '동물해방물결'의 청년들은 인제에 터전을 잡고 첫 발걸음을 내디뎠다. 청년들이 정착할 신월리 '달 뜨는 마을'을 산책하며 둘러보았다.

소들을 위한 보금자리가 생기다

우리 집에는 길고양이 몇 '명'이 드나들고 있다. 나는 이 녀석들을 사람 취급하기로 했다. 사람처럼 내게 정을 주기도 했거니와 동물해방물결 이지연 대표에게 배운 '명'이란 표현을 이때 아니면 언제 써보랴 하는 생각이 들었다. 이놈들은 아침, 저녁 두 차례 밥을 먹으러 오는데 아빠 고양이 노랑이와 그의 식솔들은 모두 네 명이요. 나머지 한 명은 '회색이'라는 덩치 큰 동네 건달 사내놈이다.

아내는 밥을 주면서 "먹었으면 밥값을 해라."라고 혼잣말처럼 나무란다. 쥐 잡는 걸 기대하는 것은 아니다. 우리 내외가 무서워하는 뱀이나 쫓아주었으면 하는 마음이다. 최근 등장한 회색이는 언제부턴가 호시탐탐 노랑이 식솔들의 밥그릇을 노리고 있다. 노랑이가 용감무쌍하게 회색이를 제압해 보기도 하지만 덩치를 보면 회색이의 적수가 되지 않는다. 집에서 지켜보다 침입자를 쫓아내려 나간다. 내가 가까이 다가가면 침입자는 줄행랑을 치고 다른 애들은 다시 밥을 먹기 시작한다. 동물들의 세계에서 사람의 역할은 어디까지일까? 이지연 대표를 만나면서 든 생각이다. 신월리 마을체험관 앞 정자에서 동물해방물결의 이지연 대표를 만나 이곳에 정착하게 된 이야기를 들었다.

"동물해방물결은 동물보호 단체라기보다는 동물권 운동단체라고 할 수 있어요."

동물해방물결은 '느끼는 모두에게 자유를'이라는 모토를 내걸고 종차별 철폐와 동물 해방을 목표로 2017년 11월 설립된 비영리단체다. 2021년 8월, 인천의 한 목장에서 도축 위기에 처한 얼룩소 열다섯 '명' 중 여섯 '명'을 구조했다. 동물해방물결에서는 소를 세는 단위를 '마리'라고 하지 않고 '명'이라고 한다. 이지연 대표는 "여섯 명의 육우, 얼룩

'동물해방물결'의 이지연 대표(중앙)는 스물세 살 때 동물원에 다녀온 후 채식주의자가 됐다고 한다. 사진 오른쪽에서 두 번째가 필자.

소, 남자애들"이라고 설명했다. 구출한 여섯 소들에게 각각 머위, 메밀, 미나리, 부들, 엉이, 창포와 같은 풀 이름을 붙여주었다. 일명 '꽃풀소' 프로젝트의 시작이다.

이지연 대표는 "사람에게 인권이 있듯이 동물에게도 동물권이 있다."며 "사람이 만든 공간에 갇혀 착취당하는 동물들의 권익 개선을 위해 활동한다."고 말했다. 동물 착취 문제는 기후 생태 위기와도 연결되어 있다. 기후 생태 위기 해결을 위한 채식 확산 운동도 하고 있다.

한국DMZ평화생명동산 정성헌 이사장의 도움으로 그 옆 '하늘내린목장'에 임시 보호처를 마련하고 인제로컬투어사업단의 이환기 귀농귀촌국장의 도움으로 신월리에 소 보금자리를 만들어 동물권과 생태 감수성 교육 사업을 추진할 수 있는 공간을 마련할 수 있었다. '동물해방물결' 활동가 네 명은 마을주민이 돼서 마을사업으로 폐교에 소의 보금자리를 만들고 운영하기 위해 신월리로 주소지를 이전하고 전입신고를 했다.

이들은 학생 수 감소로 2019년 3월 폐교된 부평초등학교 신월분교를 도축 위기에서 구출된 소 여섯 '명'이 머물 보금자리로 활용할 계획이다. 마을 사람들도 우호적이라 마을사업 공동체인 '달 뜨는 마을'과 인제군의 귀농귀촌 지원사업을 맡은 '인제로컬투어사업단'이 협력하기로 했다.

학교 뒤편에 300 평 규모로 소들이 살 공간을 마련해 두었다. 북쪽

폐교된 부평초등학교 신월분교를 도축 위기에서 구출된 소들이 머물 보금자리로 활용하고 있다.

은 마을 동산이 학교를 감싸고 있다. 동쪽은 옥수수 등 농작물을 재배하는 밭이고, 서쪽은 태양광 시설이 설치된 유휴농지다. 민원이 발생할 가능성은 거의 없어 보인다.

반면에 소들이 살 공간은 확장할 여지가 충분한 셈이다. 주변의 동산과 농지가 완만한 경사지라 장래 '생추어리^{Sanctuary}'를 조성한다면 무난할 것으로 보인다. 생추어리는 위험에 처한 동물들을 구조해 이들이 안전한 환경에서 자유롭게 살 수 있도록 조성한 안식처로 '동물들의 요양원'으로도 불린다. 뒤쪽 동산과 동쪽 밭으로 넓게 조성될 생추어리 공간을 청년들이 어떻게 그림 그리고 구성해 갈 것인가를 상상해 본다. 폐교된 학교의 관사를 리모델링하고, 아쉬운대로 교사 건물 한편에서 비건카페를 운영할 계획이다.

비건카페는 청년들만을 위한 공간이 아닌 마을 공동체를 위한 카페로 출발하게 될 것이다. 신월리 손영식 이장의 예측대로 3년 안에 60여 명의 청년들이 추가로 입주한다면 처음부터 '청년마을 만들기' 지원사업을 기획하는 것도 좋겠다. '청년마을 만들기' 사업은 행정안전부에서 청년들의 지역 정착을 지원하는 사업이다. 창업하고 지역주민, 자치단체와 협력하면서 체계적으로 정착할 수 있다.

청년들이 신월리 마을에 정주하게 되면 가장 기본적인 문제는 의식주를 해결하는 일이다. 문을 닫은 마을 공판장을 대신할 편의점 시설 등 판매 시설을 새로 열고, 마을 주민들 그리고 지역과 관계 맺는 일이 무엇보다 중요하다. 아마 청년마을과 생추어리가 조성되기까지는 많은 일들이 벌어질 것이다. 청년들이 지금까지 마을주민들과 융합하며 잘해 왔듯이 어울림 마을공동체를 만들어 가면서 또 새로운 방식으로 해결해 나가는 모습이 보인다.

학교 건물은 공연장과 숙소 등으로 사용할 예정이다. 관사를 숙소로 사용하기 위해서는 대수선이 필요해 보였다. 활동가들은 서울을 오가며 사무국을 운영하느라 인제에 상주하기 어렵다. 캐나다에서 온 4인 가족이 리모델링한 관사에 입주해서 소들을 돌보는 역할을 맡기로 했다.

학교를 둘러보다 전동 휠체어를 타고 학교로 들어온 할머니를 만났다. 이 학교를 나온 손주가 군대에 갔다며 반갑게 말을 걸어왔다. 노인 일자리 사업을 통해 노인 세 분이 화단 가꾸기와 주변 청소를 맡으셨다고 한다. 할머니도 여기에 소가 들어오고 젊은이들이 주소를 옮긴 소식을 알고 계셨다.

"젊은 친구들이 왔다 갔다 해서 보기만 해도 좋아요. 나는 젊은이들이 들어오면 찬성이야. 다 좋아요."

주민설명회를 거쳤고 주민들도 찬성했다. 청년들이 주민들과 잘 융합하고 있었다. 주민들도 뜻있는 청년들이 마을을 살리겠다며 청한 도움을 마다할 이유가 없었다. 달 뜨는 마을 김경림 사무장은 농촌체험마을을 운영하고 있지만 주민들만으로는 운영하기 쉽지 않았다. 인구 소멸 이야기가 나올 정도로 마을이 작아져서 걱정이 컸다. '동물해방물결'의 젊은이들이 들어오고 활동을 함께하면서 어른들과 어울리며 삶의 터전을 만들어가는 사람들이 필요하다고 생각했다. 그게 시

'동물해방물결' 활동가들의 정착을 위해 주민 설명회를 거쳤고 주민들도 찬성했다. 사진 맨 뒷줄 가운데가 신월리 김경림 사무장.

작이 돼서 마을에 희망이 생기고, 일자리도 늘고 젊은 사람들이 더 들어오지 않을까 기대하고 있다.

솔직히 내 자식들조차 고향으로 불러들이지 못하는 게 마음에 걸렸는데 젊은 사람들이 원해서 들어오고 열악한 환경은 본인들이 감내하겠다고 해서 좋았단다. 지금까지 살아온 환경이 달라 서로 의견이 다른 부분들도 있지만 서로 존중하고 배려하면서 조심스럽게 가고 있다.

동물을 먹지 말아야 하는 이유

이지연 대표는 스물세 살 때 동물원에 가서 호랑이를 봤을 때의 기억을 쉽게 잊지 못한다. 우리에 갇힌 호랑이가 먹이도 안 먹고 힘없이 출입문을 뒷발로 차고 있었다. 병이 들었는지 털이 군데군데 빠지고 뼈만 앙상했다. 그날 저녁 돼지고기가 식탁에 올라왔는데 야성을 잃고 힘없이 출구를 두드리던 호랑이가 생각나서 구토가 났다. 이후 피터 싱어가 쓴 《동물해방》을 읽고 채식주의자가 됐으며 동물권 운동에도 뛰어들었다.

요즘 개 식용 금지가 일반화되고 있지만 그것이 개로 그쳐서는 안된다고 했다. 개뿐만 아니라 모든 동물을 먹지 말자는 것이다. 개 식용 금지는 소, 돼지, 닭 등 모든 동물성 단백질 식용 금지의 시작이라고 강조했다.

우리나라에서는 채식을 완벽하게 실천하기가 쉽지는 않은 상황이지만 그래도 모든 사람들이 완전한 채식주의자가 되는 것을 궁극적인 목표로 삼고 있다. 이 대표는 인간이 다른 동물을 먹지 않는 것이 옳은 일이라고 강조했다. 실제로 최근 많은 동물권 운동가들이 완전 채식을 실천하고 있다고 한다. 적어도 '동물해방물결' 집회에 오는 사람들은 완전 채식주의를 지향하고, 실천하고 있다고. 그는 모든 사람이 완전 채식을 해야 하는 이유를 피터 싱어의 말을 통해서 설명했다. 피터 싱어는 1970년대부터 동물권 사상을 구체화한 인물이다.

"《동물해방》을 보면 왜 동물성 단백질을 먹지 말아야 하는지, 채식을 해야 하는지, 그 당위성이 잘 나와 있어요. 피터 싱어는 쾌락을 높이고, 고통을 줄이는 게 윤리적으로 옳다는 제레미 벤담의 공리주의를 모든 동물로 확대했죠."

이 대표는 동물성 단백질이 먹고 싶다면, 왜 인간은 먹지 않냐고 되물었다. 그것은 인간을 지각력 있는 존재로 보기 때문이라고 했다. 소, 돼지, 닭, 개 등 다른 모든 동물도 인간과 동등하게 쾌락과 고통을 느끼는 지각력을 가졌기 때문에 먹으면 안 된다는 것이다. 쾌락과 고통을 느끼는 동물의 '지각력'을 기준으로 동등한 권리를 인정해야 한다고 말했다.

개 도살 금지의 중요한 이유에 대해서도 설명했다. 열 종류의 동물 가운데 한 종류라도 안 먹게 되면, 완전한 채식에 한 발 더 다가선 것이라고 했다. 그런 측면에서 개 도살 금지 운동을 활발하게 하고 있다. 다양한 여론조사를 보면 많은 국민이 이제 더 이상 개를 식용으로 보지 않는다. 개를 시작으로 소, 돼지, 닭 등 다른 동물 도살 금지로 나아갈 것이다. 사회가 변하는 데는 단계가 있다. 완벽하지 않다고 해서 모든 게 다 의미가 없는 건 아니다.

"소, 돼지, 닭은 먹는데 개만 안 먹으니까, 너는 완전한 채식주의자가 아니야. 그러니까 네가 하는 모든 주장과 행동은 의미 없어, 그렇게 말할 수는 없다는 거죠."

신월리의 밤
불을 끄니 별이 들어왔다

마을체험관 앞마당에서 작은 음악회를 마칠 때 이미 밤이 깊었다. 기온이 떨어진 날씨 탓에 춥다며 모닥불 가까이 둘러앉았다. 손과 무릎이 따뜻해졌다. 아직 음악회 여운이 남아 있었다. 노래도 참 잘했고 시 낭송 목소리도 좋았다. 덕담이 오갔다. 뒷정리하던 손영식 이장이 체험관의 전깃불을 모두 끄고 마을 가로등까지 모두 껐다. 이윽고 동네가 온통 깜깜해졌다. 도시에서는 밤새도록 상점 간판이 불을 밝히고 가로등이 훤해서 밤하늘이 깜깜할 새가 없다.

양평 시골이라는 우리 동네도 주위에 있는 펜션이 이벤트를 하는

혼자 걷는 것을 좋아하는 사람이라면 아침 산책하기 좋은 곳이다. 차가 다니지 않아 매연도 없고 소음도 없다.

양으로 밤새 불을 밝히고 있다. 신월리는 달랐다. 손 이장 덕분에 시골답게 깜깜한 밤을 볼 수 있었다. 남아 있던 일행들이 일제히 밤하늘을 보며 소리를 질렀다.

"은하수다! 저기도 별! 저기도 별이다!"

은하수가 하얗게 흐르고 북쪽 하늘엔 북두칠성이 보였다. 별들이 여기저기서 하나둘씩 나타났다. 어느새 쏟아져 내리기 시작했다. 북두칠성 옆에 카시오페아, 안드로메다. 일행들은 별자리를 찾아본다. 밤하늘의 별을 촬영하는 앱을 찾아서 연신 셔터를 눌렀다. 신월리의 밤이다. 그믐이 아니면 달빛산책이나 이웃집 밤마실을 가도 좋겠다.

아침에 산책을 나섰다. 도시의 아파트 단지와 달리 여기 신월리에서는 밤에는 별을 보고 아침에는 산책할 수 있다. 일부러 멀리 나가지 않아도 집만 나서면 된다. 마을체험관에서 나와 소양강 쪽으로 논밭길을 걸었다. 우리 일행이 둘 또는 셋이 걸을 뿐 마을 사람들도 보이지 않았다. 혼자서 걷는 걸 좋아하는 사람이라면 여기가 좋겠다. 차가 다니지 않아 매연도 없고 소음도 없다. 자연 그대로 맑은 공기와 풀벌레, 새소리뿐이다. 가운데 농로는 소달구지가 다닐 수 있을 정도로 넓었다.

논과 밭은 경지 정리가 잘 되어 있었다. '홍수조절용지 점용허가 증명, 소양강댐지사'라는 표지판이 세워져 있었다. 마을주민에게 농작물 경작을 위해 허가한 농지다. 벼 이삭은 누렇게 익어 일렁거리고, 사람 키를 넘는 마른 옥수수들이 열병하듯 우두커니 서 있다. 길가 나무숲을 지나자 한 무리 새들이 날아오른다. 째재잭, 포로롱. 봄, 여름에는 개구리, 풀벌레 울음소리가 운치를 더할 듯했다. 폐교인 신월분교에서 양구 방향으로 도로를 걸었다.

'착하고 슬기롭게 큰 꿈을 펼치자'

신월분교 꿈탑에 적힌 교훈이 눈에 들어왔다. 새천년에 지역주민, 학부모, 동문이 만들어 새긴 글씨다. 그 꿈을 이어받아 '동물해방물결' 청년들이 펼쳐갈 마을을 걸었다. 신월분교 진입로뿐 아니라 도로변에는 화단을 가꾸었다. 화단에는 코스모스, 서광, 맨드라미 등 꽃들이 한창이다. 도로변 둔덕 풀섶에는 구절초, 쑥부쟁이, 벌개미취가 여기 저기 눈에 띈다. 쌀쌀한 가을 아침처럼 예쁘다. 여기에 마을 구판장이 있었구나. 주변 모습이 문을 닫은 지 오래된 듯 보였다.

녹슨 컨테이너에는 신월리 매점이란 간판이 그대로 걸려 있고 경로 당은 자물쇠에 묶여 굳게 닫혀 있었다. 신월로 387 버스 정류장에 붙 어 있는 마을버스 노선안내에 신월리 시간표는 없다. 홍천에서 오는 버스가 3년 전에 중단된 후 신월리로 오는 버스는 없고 대신 희망택 시 승차권이 매월 120매가 나온다고 한다. 노선 시간표에 적힌 하루 운행 횟수를 보니 그나마 필례약수가 6회로 가장 많았고 다른 마을 은 2~3회 밖에 되지 않았다.

인제의 인구가 줄었다더니 그만큼 마을에 사람이 없다는 얘기다. 폐교인 신월분교, 폐업한 마을 구판장, 문 닫힌 경로당, 버스 정류장 등 현재의 모습을 기록하면 마을의 역사가 된다. '동물해방물결' 청년 들이 마을에 들어오면서 변화하는 모습과 비교할 수 있는 귀중한 자 료다.

도로를 따라 집이 보이지 않는 위쪽으로 올라갔다. 조금 더 올라가 면 마을 전망대다. 노르딕워킹 때 오르기로 하고 다시 내려와서 방 향을 바꿔 마을 안길로 들어왔다. 냇가 다리를 건너 물소리를 들으 며 올라갔다. 길옆 산 쪽에는 전기선이 설치되어 있었다. 짐승들이 내려와 농작물을 훼손하는 모양이다. 집들은 하나, 둘씩 떨어져 있 었다. 두 번째 커다란 축사가 있는 곳까지 올라갔다. 여전히 물소리

노르딕워킹 때 올라간 마을 전망대. 신월리 마을과 소양강이 한눈에 들어왔다.

가 시원하다.

　노르딕워킹 때 마을 전망대에 올라갔다. 신월리 마을과 소양강이 한눈에 들어왔다. 일행들이 한마디씩 한다.

　"와! 달 모양 맞네!"

　"달 뜨는 마을이야!"

　시야가 확 트여서 몸과 마음이 시원했다. 논은 벼가 익어서 노랗게 보였고 밭은 아직 파랬다. 마을체험관도 보이고, 폐교인 신월분교 뒤쪽 축사를 짓기 위해 닦아 놓은 빈터도 잘 보였다. 마을에서 산책하며 여기 전망대까지 올라와도 좋다. 조금 더 올라가면 산마루 정상이다.

　이 여행에 앞서 1박 2일로 다녀왔던 '인제하루' 여행 마지막 날, 내비게이션이 잘못 안내해 빙 돌아간 적이 있었다. 인제에도 새 길이 많이 생겼는데 내비게이션에 미처 반영되지 못했기 때문이다. 가끔은 내비게이션이 양구 쪽으로 안내하기도 한다. 양구 쪽으로 드라이브한다면 몰라도 잘 살펴봐야 한다. 이왕 들어선 길 가보자고 했다. 산마루 정상에 차를 잠시 세우고 사진을 찍었다. 마을뿐 아니라 소양강도 나무 사이로 보였다. 양구 방향 도로는 인제천리길의 하나로 구불구불 운치 있고 풍광이 아름다웠다. 마을 표지판이 양구 쪽 입구에 설치되어 있었다. 걸어서 1시간 반 남짓 걸리는 십리 길이다.

이번 여행에는 TV 방송국에서도 우리의 여행을 촬영하기 위해 동행했는데 촬영팀이 새우잡이 통발을 걷으러 간단다. 우리 일행도 김경림 사무장을 따라 마을 앞쪽에서 소양강 강가로 갔다. 새우잡이 통발을 강에 던져놓고 줄을 밖에 매어 두었다. 조심스럽게 줄을 당겨 통발을 건졌다. 통발 속에 민물새우 몇 마리가 잡혔다. 두 번째 통발도 신중하게 줄을 끌어당겼는데 역시 민물새우 몇 마리뿐이었다. 세 번째 통발도 똑같았다. 피라미 몇 마리는 기대했는데 좀 아쉬웠다.

어론습지생태공원을 걷다

신월리에서는 아침, 저녁에 마을 안길을 산책하고, 또 산행할 수 있는 마을 전망대와 산마루가 가까이 있다. 일상생활 속에서 산책하거나 한 시간 정도 땀 흘리는 운동을 하기도 좋다. 또 신월리에서 조금만 벗어나면 인제천리길을 만나고 소양강 둘레길을 만난다. 소양강

습지를 공원으로 가꾸면서 꽃을 많이 심었다. 수련, 부들, 꽃창포, 부채붓꽃 등 20여 종의
꽃을 군락으로 심어 화단을 가꿔 놓았다.

둘레길을 걷고나서 어론습지생태공원으로 향했다.

막 도착해서 들어가는 입구에 세워진 '어론습지', '주차장' 팻말이 나
동그라져 있었다. 태풍 때문이었을까. 주차장에 차를 세우고 징검다
리를 건넜다. 개울에는 물고기들이 놀고 있다. 가끔은 먹이를 찾아오
는 두루미나 청둥오리를 만날 수 있다. 공원 입구에서 건너편까지 공
원 한 가운데를 가로지르는 데크가 놓여 있었다. 걷기 편한 데크가 끝
나는 부분부터는 시멘트 길이었다.

공원 한편은 꽃이 잘 가꿔져서 아름다웠지만, 다른 한편은 장마 때
습지에 남기고 간 부유물들이 널려 있었다. 페트병, 스티로폼, 폐목

등이 눈에 거슬렸다. 데크 난간에는 거미들이 줄을 치고 있었다. 거미 줄은 습지라서 여기저기 눈에 많이 띄었다. 그래도 가볍게 트레킹하기 좋은 코스로 알려져서 많이 찾는다고 한다.

습지를 공원으로 가꾸면서 꽃을 많이 심었다고 한다. 수련, 부들, 꽃창포, 부채붓꽃 등 20여 종의 꽃을 군락으로 심은 화단을 가꿔 놓았다. 큰꿩의비름, 마타리, 마편초 앞을 지나가다가 예쁜 포즈를 취하는 사람들이 많다.

마편초 꽃이 보랏빛 물결을 만든다. 우리 일행도 그 앞에 섰다. 그냥 지나갈 수 없었다. 찰칵! 찰칵! 찰칵! 꽃이 예쁠까, 사람이 예쁠까. 괜한 생각을 해보았다.

어론습지생태공원을 걷고 '38휴게소'로 향했다. 휴게소 내 커피숍인 '38커피'에서 커피를 마시며 소양호를 비추는 저녁노을을 바라보았다. 지는 노을이 유난히 아름다웠다.

류순이

'여행처럼 시작하는 지역살이' 매력에 빠져있다. 귀소본능처럼 생각해왔던 지역살이 실현을 위해 지역을 탐색 중인 신중년이다. 어디나지원단 스마트폰 강사, 소상공인온라인홍보마케터, 목소리봉사단 등 사회공헌 활동을 하고 있다. 어디에서나 할 수 있는 일을 찾아 새로운 이력을 쌓아가고 있다.

서울과 인제의 만남 · 하추리영농조합법인 · 인제천리길

여행처럼 귀촌한 하추리마을 정착기

'인제' 가게 되어 '원통'하다

정년퇴직 4년차, 좋은 점은 설레는 일이 있을 때 망설임 없이 도전할 수 있다는 것이다. 저당 잡혀 있지 않은 시간을 선택하는 여유가 좋다. 올해 마실가듯 즐겁게 하는 일이 있다. 스마트폰 강사로 어르신들을 만나는 일이다. 스마트폰과 친숙하지 않은 어르신을 만나 스마트폰 사용법을 가르쳐준다. 디지털 리터러시(digital literacy) 능력이 중요한 시기에 복지관이나 마을도서관에서 디지털에 취약한 노년층에 노노(老老)케어를 실천할 수 있음이 뿌듯하다.

온라인홍보마케터 활동으로 SNS를 통해 소상공인이나 사회적기업을 홍보하는 일도 하고 있다. 기업을 탐방하고 기업과 상품을 소개하는 일에는 많은 시간이 소요되지만, 블로그 조회 수가 늘어나고 진

정성 있는 댓글이 달릴 때 힘을 얻는다. 청년들이나 하는 일이라고 생각했던 일들을 이렇게 나이들어서 하고 있다고 생각하면 마음속에 젊음이 다시 채워지는 느낌이다.

목소리봉사단으로 어린이들 앞에서 동화를 낭독할 때면 초롱초롱한 눈망울로 듣고 있는 모습이 어찌나 귀여운지 저절로 신이 난다. 그런 날이면 집에 와서 아직 미혼인 아이들에게 빨리 손주 보고 싶다며 결혼 이야기를 꺼내기도 한다.

통상적으로 말하는 신중년 끝자락의 나이에 이런 일을 할 수 있는 것은 배움과 일·활동을 이어주는 기관의 역할이 크고, 뉴노멀시대를 따라가기 위해 배움을 게을리하지 않은 덕분일 것이다.

퇴직 후 무료할 것을 걱정하면서도 서로 바쁜지라 자주 함께하지 못함을 도리어 미안해하는 가족들은 "혼자 잘 놀아줘서 고맙다."며 대견스러워하고, 친구들은 "정말 잘 살고 있다."고 부러워한다. 그런데도 아직 해 보고 싶은 일이 많기에, 마음이 끌리는 일은 모두 도전해보고 싶다.

우선순위는 여행이다. 여행이라는 말만 들어도 마음이 설렌다. 인제 여행에 참여하면서 작년에 했던 '강릉에서 살아보기'의 감동이 되살아났다. 이전까지 해왔던 일반적인 여행과 다르게 지역에서의 일·활동을 살펴보고 지역살이에 대한 관점의 전환을 했기 때문이다.

그동안 인제는 낯설었다. 그저 강원도의 한 부분이라고만 생각했지만 막상 가서 보니 낯익은 길들이 눈에 들어왔다. 인제의 많은 길을 이미 다녀왔는데 마음의 거리가 멀었나 보다. 아침가리계곡, 곰 배령, 방태산, 설악산, 38휴게소 등 강원도를 오가며 스쳐갔던 수많은 장소들이 인제에 있었다. 심지어 소양호에서 청평사 가는 배를 탔을 때는 인제에서 흘러온 물길 위에 앉아서 갔으면서도 인제를 느끼지 못했다.

서울과 인제의 정식 '상견례'

인제 모드로 전환 후 처음 찾은 곳은 냇강마을이었다. 인북천 맑은 물이 흐르고 사방이 산으로 둘러싸인 마을, 들꽃사랑펜션에서 도시민과 지역민의 만남이 이루어졌다.

냇강마을 들꽃사랑센터에서 도시민과 지역민의 만남이 이루어졌다.

인제군 배상요 부군수, 인제농업기술센터 지순환 소장, 김종호 계장, 한국수자원공사 한강경영처 김지웅 처장, 박지현 부장, 하늘내린 인제로컬투어사업단 정연배 이사장, 냇강두레마을협동조합 박수홍 대표, 기관별 관계자들과 만나 첫인사를 나누는 자리였다.

진행을 맡은 서울시도심권50플러스센터 이형정 팀장의 제안으로 "반갑다. 인제야!"를 외치며 하늘을 쳐다보았다. 서울에서 보기 힘든 맑은 하늘빛은 눈이 시릴 만큼 맑았다. 모니터 바탕화면에서 보던 청량한 하늘이 거기 있었다. 이어진 저녁 식사 자리에서 배상요 부군수에게 행정가가 본 인제의 매력을 물었다.

"인제의 매력은 계곡과 물 같아요. 인제는 97퍼센트가 산이거든요. 산 골짜기에는 물이 있습니다. 물이 있는 자연환경이 최고인 것 같아요. 우리나라에서 산수가 가장 수려한 곳을 평가하는 조사에서 인제가 A+를 받아 전국 10위권 안에 들었는데도 국민들이 잘 모르시는 것 같아요."

인제를 자랑하면서도 아쉬움이 가득 묻어났다. 옆에서 식사하던 한국수자원공사 김지웅 처장도 "케이워터K-water!"를 외치며 인제와는 끊으려야 끊을 수 없는 관계라면서 인제의 물 자랑을 거들었다.

인제를 생각하면 떠오르는 말이 있다. "인제 가면 언제 오나, 원통해서 못 살겠네." 하지만 지금 이 말은 "인제(이제야) 가서 원통하다."로 바뀌었다고 한다.

인제군에서는 공모를 통해서 1개월이나 3개월, 6개월 살기를 지원

여행 첫날, 서울과 인제가 만나서 첫인사를 나누었다. 왼쪽부터 배상요 인제군 부군수, 김지웅 한국수자원공사 한강경영처 처장, 지순환 인제군 농업기술센터장.

하고 있다. 특히 산촌생태유학센터에서는 도시 아이들을 인제의 학교에 다니게 하는 산촌 유학 가기 프로그램을 운영하고 있는데 이 프로그램에 대한 도시 학부모들의 관심이 높다.

산촌으로 유학온 아이들은 작은 학교에 다닌다. 학생 수가 적은 것이 오히려 교육적이라고 한다. 인제의 자연은 농촌 유학의 생태적 요소가 된다. 아이들은 자연 속에서 마음껏 뛰어놀면서 더불어 살아가는 방법을 배우게 된다. 작은 학교는 농촌을 살리는 데도 중요한 역할을 한다.

농촌 유학에 대한 도시 아이들의 만족도가 굉장히 높다고 한다. 문득 우리 아이들을 방학 때마다 시골에 있는 외가로 보냈던 일이 생각났다. 자연이 아이들 성장에 최적의 환경이자 최고의 놀이터라는 생

인제군 배상요 부군수를 비롯해 한국수자원공사, 인제농업기술센터, 하늘내린인제로컬투
어사업단, 냇강두레마을협동조합 등 관계자들과 여행자들이 자리를 함께 했다.

각으로 초등학교를 졸업하기 전까지 기회 있을 때마다 보냈는데, 아이들을 위해 해준 일 중 가장 잘한 일 중 하나인 것 같다.

하늘내린인제로컬투어사업단 정연배 이사장과 냇강두레마을협동조합 박수홍 대표도 인제 홍보에 열을 냈다. 인제군의 경우 귀농·귀촌에 대한 지원은 다른 지역과 비슷하지만 출산과 양육, 영유아 지원이 많다고 한다. 돈보다 중요한 건 누구든 인제로 전입하면 인제군의 주인이 되는 것이라고 했다. 친구이기도 한 두 사람은 지방자치의 본질은 커뮤니티라면서, 지방자치가 잘 안된다는 얘기가 들리는 것은 공동체가 무너지기 때문이라고 했다.

20여 년 전 고향으로 귀촌하면서부터 우정을 쌓은 두 사람은 일단, 정치 쪽으로는 가지 말고 자신들이 할 수 있는 일을 하면서 이 마을을 세계적인 마을로 만들어가자고 약속했다고 한다. 두 사람의 외모가 닮아 군청이나 기관에 가면 구별을 못 한다는 농담까지 곁들였다. 진솔한 인제 자랑에 현지인의 인제 사랑이 전해졌다.

마을 하나를 가꾸는 계획을 세우면서 세계화를 생각했다는 매력적인 이야기에 마치 명강사의 강의를 듣는 것처럼 빠져들었다. 인제에는 이들처럼 커뮤니티를 이끌어가는 리더들이 많이 있고 또 이들이 지역살이의 중간자 역할을 잘 하고 있기 때문에 인제살이를 하는 사람들에게 큰 도움이 될 수 있을 것 같았다. '인재를 보유한 인제'라는 생각이 들면서 첫날부터 인제의 진짜 팬이 되어가고 있었다.

여행처럼 시작한 귀촌

인제군 인제읍 하추리, 행정구역은 읍이지만 해발 250~600미터 고지에 위치한 외딴 산골마을이다. 가래나무 많은 아랫마을이라고 해서 붙여진 이름이 하추리(下楸里)다. 하추리영농조합법인에서 운영하는 하추리카페에서 강성애 사무국장을 만났다.

40대 중반으로 이곳에 온 지 6년 차. 집은 인천이고 서울에서 직장생활하다 우연한 기회에 이렇게 와서 살게 되었다고 했다. 나는 후하게 쳐서 신중년이라는 말을 하고는 다니지만, 어쩔 수 없이 세대차이를 느낄 수밖에 없을 만큼 동안인 그녀가 마흔을 앞두고 귀촌을 실천하게 된 동기가 궁금했다.

"직장에서 콘텐츠 기획을 했어요. 홍보물도 만들고 여행하면서 자유기고 형태로 여행 칼럼을 쓰기도 하고, 책을 만들기도 했어요. 다니던 회사에서 농어촌공사로부터 발주받은 '농촌 체험마을 홍보' 업무를를 하다가 이쪽으로 취재하러 왔는데 그냥 좋았어요."

남편과는 흔히 하는 얘기로 "나이 들면 시골 가서 살아볼까?"하고 얘기를 나눈 적도 있었기 때문에 귀촌 이야기를 꺼냈더니 흔쾌히 동의를 해주었다. 그녀의 말을 들으니 사람들이 그렇게 어렵게 생각하는 귀촌이 이렇게 쉽구나 하는 생각이 들었다.

업무상 많은 지역을 돌아다닐 기회가 있었는데 시골에 가면 공기가 좋으니까 마음도 편했다고 한다. 평소 바닷가보다는 산골짜기가 좋았고, 산이 많은 강원도에 살고 싶다는 생각을 막연하게 하고 있었는데 하추리가 바로 그런 곳이었던 셈이다. 누구나 경치 좋은 곳을 보면 "이런 곳에서 살고 싶다."고 쉽게 말하지만 실천하기는 쉽지 않다.

당시 전국의 귀농·귀촌 우수사례를 취재해서 책을 만들려고 열 네 명을 인터뷰했는데 인터뷰이마다 하는 한결같은 이야기가 있었다.

"조금 더 젊을 때 올 걸, 왜 젊어서는 용기를 못 냈는지 모르겠어요. 조금 더 일찍 왔으면 더 많은 일을 할 수 있었을 텐데 말예요."

그 이야기를 남편에게 했더니 대뜸 "우리도 진짜 가볼까?" 라고 했다. 이후 남편은 귀농·귀촌 박람회를 가보기도 하면서 귀촌에 관심을 가지고 이곳에 들렀는데, 여기서 일하면 옛 학교 건물과 선생님들

하추리영농조합법인에서 운영하는 하추리 카페에서 강성애 사무국장을 만났다.

살던 관사에 무상으로 살 수 있게 해준다는 이야기를 듣고 솔깃하는 마음이 생겼다. 더 늦기 전에 살아봐야 이 길이 아니다 싶으면 돌아가기가 쉬울 거라는 생각도 들었다. 최종 목적지라는 생각보다는 한 달, 아니 1년만 살아보고 진짜 귀촌을 준비해 볼까 하는 생각을 했다고 한다. 고민만 해서는 아무 것도 안 되겠다는 생각에 "에라 모르겠다."하고 사표를 냈다.

　처음에는 둘 다 벌이가 없는 것보다 한 사람은 계속 직장을 다니는 것이 좋겠다 싶어서 강 사무국장 혼자 먼저 오려고도 했지만 막상 혼자 오려니 무서운 생각이 들었다. 이 기회에 함께 여행도 하고 시간을 보내며 여유 있게 1년만 쉬어보자는 생각으로 둘 다 사표를 내고 이곳으로 왔다.

최종 결심을 할 때까지는 한 달밖에 걸리지 않았다. 짧은 시간에 과감한 결단을 한 당찬 젊은이 앞에서 '나는 저 나이에 무엇을 하고 있었나.' 되돌아보지 않을 수 없었다. 20여 년 전 그 시절에는 한 우물 파는 것을 미덕처럼 여기던 때라 그 삶에서 벗어날 생각은 꿈에도 해보지 못했다.

강 사무국장은 하추리마을에 귀촌하여 지내보니 생각보다 너무 좋았단다. 일도 무궁무진 많아서 1년, 2년이 지나고 시간이 흐르면서 돌아가고 싶지 않더란다. 굳이 다른 지역을 다시 탐색하느니 여기서 정착을 해보자는 쪽으로 마음을 굳히게 되었다.

지금은 마을 사업을 총괄하고 있다. 체험 마을로 시작해서 지금은 1차, 2차, 3차 사업을 결합한 6차 산업으로 발전시켜 잡곡을 생산, 가

하추리마을은 해발 250~600미터 고지에 위치한 산골마을이다. 가래나무 많은 아랫마을 이라고 해서 붙여진 이름이 하추리(下楸里)다.

공해서 판매하고 잡곡과 관련된 서비스까지 하고 있다. 이상적인 정착이었다. 평소 바라던 공기 좋은 곳에서 열심히 일할 나이에 일이 많아서 좋았으니 바랄 것이 없을 것처럼 들렸다. 그래도 어려움은 있었을 것이다.

"귀촌은 말 그대로 여행처럼 시작했죠. 2017년 1월 1일 자로 내려와서 둘이 살아보니 소꿉장난하듯 모든 것이 다 재미있었어요. 무엇보다 마을 주민들이 정말 잘해 주셨어요."

마을 사람들이 혹시라도 밥 굶을까 봐 먹을 것을 챙겨주면서도 행여 부담을 느낄세라 조심스러워하는 게 느껴질 만큼 적당한 거리두기를 지켜주는 것이 너무 좋았다고 한다. 이곳은 겨울에는 난방하지 않으면 바깥이나 실내나 온도 차이가 없었다. 너무 추울 때는 간간이 아파트 생각이 나기도 했지만, 방 안에 물그릇이 얼어도 기름보일러에 기름이 떨어진 줄도 모르고 신기하고 재미있었다.

"신혼일기라는 프로그램을 촬영한 곳이 바로 산 너머 동네예요. 그거 보면서 우리도 낭만적인 산촌생활을 꿈꾸고 모든 것이 재미있었어요."

산촌생활이 아무리 즐거워도 생활은 현실인지라 인제군에 귀촌 지원을 알아보았다. 여느 지역과 마찬가지로 인제군에도 전입자 인센티브와 다양한 귀농·귀촌 정착 지원이 있다.

인제군농업기술센터에서는 귀농·귀촌인을 위해 우수농장에서 기술교육과 현장실습을 지원한다. 귀농인에게는 지원 대상에 따라 농업창업과 주택 구입, 정착 지원금 지원을 하고 있다. 또 귀농·귀촌인을 위해 우수 농장에서 기술 교육과 현장 실습을 지원한다. 귀농인에게는 지원 대상에 따라 농업 창업과 주택 구입, 정착 지원금 지원도 하고 있다. 심지어 농업 기계화를 촉진하고 농촌 경제 활성화를 위해 농기계 임대 사업도 추진 중이다.

그 덕분에 남편은 귀농 정착금을 받아 정착을 할 수 있게 되었고 살면서 땅을 구입해 집을 지었다. 농지 구입비는 저리로 대출받았다.

남편은 건축 일을 했는데, 집 짓는 현장에 불려 다니면서 현장 일도 하고, 서류 처리도 해주다 보니 자신보다 훨씬 인기가 많았다고 한다. 그러던 중 남편은 취직이 되었고, 생활은 안정되어 갔다.

방 안에 얼음이 얼어도 낭만적이라며 재미있었다고 표현하는 그녀를 보면서 젊어서일까, 아니면 미리 마음의 준비를 하고 있어서일까 궁금했다. 정착하기까지 힘들었던 이야기를 듣고 싶었는데 이자 걱정 말고는 없었다고 하니 더 이야기를 이어가기 어려웠다. 억지로라도 어려웠던 이야기 한 가지라도 해달라고 부탁했더니 현실의 어려움보다 마음속 갈등은 조금 있었다고 털어놓았다.

"과연 여기서 이렇게 사는 게 맞는 것인지에 대한 근본적인 물음 있잖아요. 도시에서 좀 더 벌어야 하는 거 아닌가, 직장 다닐 때의 3분의 1 정도 수입으로 계속 버틸 수 있을까, 살다가 제대로 정착하지 못하고 돌아가게 되면 그때는 어떻게 해야 하나, 친구들은 도시에서 커리어우먼으로 잘살고 있는데 나만 뒤처지는 건 아닐까하는 걱정이

강성애 사무국장(왼쪽에서 세 번째)과 하추리카페에서 이야기를 나누었다. 왼쪽에서 두 번째가 필자.

들 때도 가끔 있죠."

친구들이 서울에서 핫플레이스 다니면서 SNS에 올린 사진을 보면 소외감이 들기도 했다.

귀촌한 지 3년 차에 마을 공모 사업으로 학교를 재건축하게 되었다. 1970년대에 주민들이 직접 벽돌 쌓아 올린 하추국민학교 건물은 욕실이나 화장실이 공용으로 바깥에 있어서 불편했다. 프로그램이 아무리 좋아도 시설 때문에 수학여행이나 기업 연수를 유치할 수가 없어서 재건축이 불가피한 상황이었다.

하지만 학교 관사에서 살던 부부는 갑작스러운 학교 재건축 때문에 살 곳을 잃게 되었다. 자연스럽게 이제 어떻게 해야 하나 다시 고민할 수밖에 없었다. 남편과 월세를 얻어 살아볼까, 도시로 돌아갈까를 상의하다가 돌아갈 걸 생각하니 다시 돌아가고 싶지는 않더란다.

정착을 결심하고 현지인의 안내를 받아 땅을 보러 갔는데, 처음 본 그 땅이 무척 마음에 들어 대뜸 530평 정도의 땅을 사겠다고 했다. 땅을 사고 나서 "이제 우리 여기서 살자."라며 하추리에 완전히 정착하게 되었다.

"산촌마을도 도시와 마찬가지로 도시에서 하는 일은 다 이루어지기 때문에 도시에서 하는 일을 옮겨와서 조금만 시각을 변형하면 돼요. 내가 무슨 일을 할 수 있느냐가 중요하지 여기서 무슨 일을 시켜주느냐가 중요한 게 아니잖아요. 모든 게 가능해요. 다양한 분야의 공공 일자리도 많고요. 젊은 친구들은 정말 기회가 많고 할 일이 많아요. 도시에서 하던 일이나 좋아했던 일을 여기서 찾으면 됩니다. 도시보다 경쟁이 덜하기 때문에 얼마든지 더 잘할 수 있어요."

농촌에서 일을 찾는다면 완전히 새로운 일을 찾기보다 그동안 했던 일을 찾아보라고 권유한다. 예를 들어 농촌에는 정말 좋은 식재료들이 많기 때문에 자연 식재료를 활용해서 자연 요리를 하는 레스토랑을 조그맣게 시작하거나, 일손이 필요한 곳에 가서 한 1년 정도 일하면서 네트워크도 만들고 경험을 쌓은 후에 지원을 받거나 창업을 할 수 있다고 한다.

강성애 사무국장의 얘기를 듣고 있자니 귀촌에서 일자리까지 막연하게 생각만 할 것이 아니라 잘하는 것을 중심으로 찾아보면 어렵지 않을 것 같았다. 하추리마을에서 생산되는 주 농산물은 잡곡이다. 화

마을 사람들이 힘을 모아 완성한 하추리 카페의 인테리어.

전민들이 정착을 시작한 곳이라서인지 산비탈 밭에서 지을 수 있는 농사는 잡곡 밖에 없었다고 한다. 근래에는 알곡의 상태가 좋아지고 긴 세월 잡곡을 재배하면서 쌓인 노하우로 생산되는 잡곡의 품질도 매우 우수하다. 마을에서 직접 농사짓고 수매한 잡곡만 취급하기 때문에 판매에 어려움은 없다고 한다.

직접 농사지은 콩으로 만든 콩크림을 얹어 고소한 커피를 마시며 카페를 둘러보다 커지는 눈동자를 보았는지 카페 이야기를 시작했다.

"카페를 만들 때 보조사업으로 시설을 하다보니 제약이 많아 원하는대로 인테리어를 하는 게 어려웠어요. 그래서 인테리어는 마을 사람들이 힘을 모아 직접 했어요. 마을 아저씨들한테 한 3일만 같이 해보자 하고 설계를 대충 손으로 그리거나 인터넷에서 사진을 골라서 이렇게 하고 싶다고 하면 손재주 좋은 아저씨들이 정말 잘 만드셨어요."

카페 내부는 마치 하추리의 작은 숲을 옮겨놓는 느낌이었다. 눈을 돌리니 나무가 기둥처럼 서 있다. 근처 산에서 솎아낸 나무를 최대한 그대로 이용했다고 한다. 장식하나 붙이지 않고 카페에 맞는 크기로 잘랐을 뿐인데 나무들은 기둥이 되고, 책장이 되고, 테이블과 의자가 되었다. 카운터도 멋지게 만들었다. 평소 나무 만지는 솜씨가 있는 체험팀장은 산에서 가져온 나뭇가지를 활용해 근사한 조명을 만들었다. 책장이 완성되자 주민들은 책을 채웠다.

카페를 찾아 마을 사람들은 책을 읽고 독서 모임을 한다. 오카리나 같은 취미 동호회를 하고 배우고 싶은 공부를 함께 한다. 마을을 찾아온 여행자에게는 마을 이야기를 들려주기도 한다. 하추리 산촌마을에 사랑방 같은 공간이 필요하다는 바람 하나로 주민이 마음을 모아 만든 카페는 이제 마을 사람들의 사랑방이 되었다.

카페 메뉴는 하추리에서 직접 수확한 제철 농산물을 이용하여 만들었다. 비탈진 밭에서 나온 잡곡, 달달한 오미자와 블루베리, 벌꿀을 이용하여 메뉴를 개발했다. 팥빙수, 서리태 콩으로 만든 콩크림을 올린 커피 등 자체 개발한 메뉴가 카페의 인기 메뉴가 되었다.

어쩌면 관계인구로 인제의 인적 자원이 될 수도 있겠다 싶어 하추리마을과 연계해서 할 수 있는 일을 물었다. 예전에는 단체와 자매결연이라는 형태로 교류 행사를 해왔다고 한다. "여름에는 옥수수, 감

카페를 찾아 마을 사람들은 책을 읽고 독서 모임을 한다. 오카리나 같은 취미 동호회를 하고 배우고 싶은 공부를 함께 한다.

자 수확 체험, 트레킹, 물놀이, 장작불 가마솥 밥 짓기 등 이벤트 행사를 하고, 계절별로 여행 프로그램, 일손 돕기 형태로 다양하게 진행하고 있어요."

요즈음은 단체보다는 개인이나 관계인구 형태로 이어지고 있어서 지속적인 관계 유지를 위한 프로그램을 고민하고 있다고 한다. 마을의 울타리가 되어 달라는 '울타리 분양'을 하여 명예 주민을 만들어 볼까를 계획하기도 하면서 꾸준히 지속가능성을 생각한다.

"관계인구라는 것이 자칫 지역에서 생산되는 농산물이나 서비스를 팔고 사는 공급자와 소비자로 상업적인 관계로 맺어질 수밖에 없는 것 같기도 해서 아쉽기도 해요. 그러다 보니 이게 맞는 건가 의문도 생기고, 서로 물주로만 보거나 받아들이면 어쩌나 걱정되는 부분도 있어요. 상업성이 끼지 않으면 뭔가 부족한 것 같기도 하고요. 그래서 조심스러운 면이 있어요."

계절마다 혼자 하는 여행 시리즈가 특히 인기가 좋다고 한다. 혼자 하는 여행인데 따로 와서 2박 3일을 지내고 가서는 친구가 되어 다음 계절에 방문하기도 한다. 지난 주말에는 송이칼국수를 한다니까 셋이 주말에 다녀가면서 "우리는 이제 하추리의 팬이다. 뭐든 하면 1순위로 오겠다." 했다고 한다.

하추리 산촌마을은 이렇듯 관계인구가 늘어나고 있었다. 도시인들이 마치 고향집이나 외가에 온 것처럼 편안하게 즐기면서 만족감도 높다고 한다. 강성애 사무국장은 이미 팬을 만드는 방법을 알고 있었다. 단순한 여행보다 프로그램을 함께하고 잠을 자고 지역 사람을 만나면서 자연스레 팬이 되게 만들고 있었다.

강성애 사무국장의 열정이 참 부러웠다. 젊을 때는 삭막한 도시에서 벗어날 생각을 한 번도 해보지 못했을까라는 생각과 함께 귀촌이야말로 한 살이라도 젊을 때 하는 것이 바람직하겠다고 생각했다. 마지막으로 지역살이를 하거나 관계인구가 될 사람들이 준비해야 할 마음가짐을 듣고 싶었다.

"제가 이 일을 하면서 신념처럼 염두에 두고 있는 말은 '마음이 열리면 지갑이 열린다.'는 말입니다. 반면 오시는 분들이 가장 많이 사용하는 단어 중 하나가 '시골 인심'이라는 말이에요. 처음부터 시골 인심을 바라는 건 무리인 것 같아요. 무조건적인 시골 인심이라는 건 없다는 걸 생각하셨으면 좋겠어요."

처음 보는 사람이 고추밭을 지나다가 '이렇게 많은데 좀 나누어 먹지' 하는 사람이 많다는 말에 놀랐다. 분명 마음이 열려서 '이거라도 가져가세요.' 하는 거랑은 다를 것이다. 세상은 달라졌는데 시골에서만 인심을 기대하는 건 분명 모순일 것이다. 시골 인심은 절대적으로 정을 나누는 것이라고 본다.

전국 농촌이 고령화되고, 마을에 젊은이가 없다고 하는데 하추리에는 젊은이가 있고, 마을 주민의 70퍼센트가 귀촌인이라고 한다. 깊은 산속 다정한 이야기가 속삭이는 사랑방을 갖고 있는 마을 사람들과 관계를 이어가고 싶다. 여행을 다녀온 후 '2022년 제9회 행복농촌 만들기 콘테스트'에서 하추리 산촌마을이 마을만들기 분야 대통령상을 수상했다는 소식을 들었다. 전국 120개 시·군 2,440개 마을이 참여한 가운데 최고상을 받았다. 마치 내 일처럼 기뻤다.

인제천리길을 걷다

"결혼했어요?"

인제천리길 중 하나인 소양호 둘레길을 걷다가 동행이 조심스럽게 물었다. 모임에 처음 갈 때마다 종종 들어온 질문이었지만, 서너 번 여행을 함께했던 사람의 질문인지라 조금 당황스러웠다. 평소 속 마음을 잘 감추지 못해 표정에 다 드러나고 가족 얘기도 많이 하는 편인데 내가 너무 자유스러워 보여서 그런걸까, 순간 여러 생각이 스쳐 지나갔다.

"요즘 그런 질문 잘 안 하는데 아직도 제가 철없어 보이나 봐요."

미소 띤 내 대답에 질문을 한 당사자도 멋쩍은 표정으로 대답했다.

"기혼인 줄 알고는 있었는데 그냥 다시 물어보고 싶었어요."

그녀의 표정이 웃음보를 자극하고 말았다. 우리는 마주 보며 깔깔깔 웃었다. 이런 순박한 동행을 만나서 이어가는 대화의 즐거움이 여행의 진짜 매력이다. 사소한 호기심에서 출발하여 한 권의 책을 읽듯 서로 다른 인생을 만나고 서로를 알아가는 시간이 참 좋다. 자연은 마음씨 좋은 중매쟁이처럼 복채도 안 받고 사람의 마음을 무방비

인제천리길 구간 중 하나인 소양호 둘레길 구간.

상태로 노출하게 만든다. 무장 해제된 마음들이 순수로 귀향하는 보석 같은 시간이다.

자연에 있으면 신바람이 난다. 살면서 겪은 우여곡절의 흔적은 다어디로 갔는지 세상 걱정 없는 얼굴로 자연 속에 스민다. 자연이 주는 느낌 그대로 받아들이면 되는 시간, 이런 순간이 좋아서, 물 흐르듯 자유롭게 살고 싶어서 여행하고 지역을 탐색 중인지도 모르겠다.

사람이 걸으면 길이 생긴다. 인제는 전국에서 두 번째로 면적이 넓은 만큼 길도 많다. 그중 인제천리길은 총 37개 구간 505킬로미터에 이르는 길이다. 인제를 떠나기 전 이 길을 한 구간이라도 더 걸어보고 싶었다. 기왕이면 경치 좋은, 내설악에서도 가장 아름다운 길이라고 알려진 인제천리길 7-1구간을 넷이서 걸었다.

용대2리 마을회관 주차장에 주차하고 백담사까지는 마을 주민들이 자치적으로 운행하는 마을버스(요금 편도 2,500원)를 타고 갔다. 백담사에는 관광객이 많았는데 산길로 들어서니 호젓하다. 우리는 인제를 담기 위한 시간이라 여기며 쉬엄쉬엄 걸었다. 이 길은 경치도 좋았지만, 읽을거리가 정말 많았다. 사색하기 좋은 길이다.

번잡한 생각이 들 때는 호젓한 산사를 떠올렸다. 절은 스님의 수행과 부처님의 가르침을 듣는 곳이라 조용한 산에 있나 보다 생각했다. 이 길을 걸으며 우리나라 산악숭배 사상과 불교가 만난 이야기를 듣고, 풍수지리설의 영향과 조선시대 숭유억불 정책으로 인해 절이 산으로 들어간 까닭을 알았다.

백담사 가는 길의 수심교.

하나의 숲을 이루고 있는 나무들도 자세히 들여다보면 소나무, 전나무, 다릅나무, 물푸레나무, 쪽동백나무, 느릅나무, 당단풍나무, 개옻나무, 생강나무, 만주고로쇠, 참나무 등으로 종류도 다양하다. 이름의 유래와 함께 적힌 이름표를 보고 나무를 다시 보니 마치 서로 다른 사람처럼 나무도 한 그루, 한 그루가 모두 다른 것을 알 수 있었다.

자세히 보니 보인다. 걷는 동안 귀를 즐겁게 해 준 새들도 다양했다. 박새, 진박새, 동고비 같은 텃새들이 있고, 뻐꾸기, 개개비, 후투티 같은 철새들도 있었다. 문득 새들 세상에도 텃세가 있을까 궁금했다.

옛 문헌에서 백담계곡과 설악에 대한 자연·문화유산 이야기를 발췌한 글들은 또 얼마나 많은지. 하나하나 눈으로 담느라 달팽이 걸음인데 일행 중 누구 하나 재촉하는 사람이 없다.

산림욕은 낮 시간대에 하면 가장 효과가 좋다고 한다. 피톤치드 마시면서 새소리, 물소리 들으며 덤으로 마음의 양식까지 담는 시간, 언제 또 누구랑 이렇게 느긋한 발걸음을 할 수 있을까 싶어 동행에게 고마운 마음이 들었다.

간간이 성큼성큼 힘차게 걸어가는 단체 산객을 몇 번 만났다. 어디까지 가느냐고 물어보니 봉정암까지 가서 자고 내일 대청봉을 오를 거라고 했다. 이 길을 계속 가면 오세암, 봉정암, 대청봉이 나오겠지 싶어 순간 따라가고 싶었다.

지리산 천왕봉과 한라산 백록담을 다녀온 후 앞으로의 산행 목록에 대청봉을 줄 세워 놓았다. 이제는 체력이 동맥경화 걸린 단풍처럼 시들어가는 것 같아 엄두를 못 내고 있었는데, 대청봉을 향하는 사람

계곡 물이 햇빛에 반사되어 에메랄드 빛 보석처럼 반짝였다.

여행이라는 말만 들어도 마음이 설렌다. 인제 여행에 참여하면서 작년에 했던 '강릉에서 살아보기'의 감동이 되살아났다.

들의 힘찬 발걸음에 다시 도전을 꿈꿔보았다.

이곳은 2000년 12월 7일 산림유전자원보호구역으로 지정되었다. 금강초롱 외 30종의 희귀식물 자생지라고 한다. 그래서인지 길가에 핀 꽃들이 한결 예뻐 보였다. 영시암(永矢庵)에 도착했다. 영원한 은거를 맹세한다는 영시암은 처음에 유학자의 거처로 시작됐지만 스님이 거처하는 절로 탈바꿈하면서 오늘날 유·불교 문화사가 공존하는 공간이 되었다고 한다. 영시암 마당에는 의자마다 산객들이 삼삼오오 모여앉아 도시락을 먹거나 쉬고 있었다.

서둘러 하산하는 길, 나무 사이사이로 나타나는 계곡의 청량함에 자주 발걸음을 멈추었다. 에메랄드 빛 물결이 햇빛에 반사되어 일렁이면서 마치 보석처럼 반짝였다. 잊을 수 없는 물빛이다. 그 물결의 잔상과 함께 시작했던 곳, 이정표 앞에서 수없이 많은 설악산 길 중 하나를 완주했다고 기뻐하면서 기념사진을 찍었다.

속세와는 거리가 멀어보이는 순수하고 아름답기만 한 계곡이지만 백담계곡은 일제강점기 천설령전투에서 왜군을 몰살한 전승지라는 치열한 역사의 현장이다. 인제천리길은 이렇듯 의로운 역사를 품은 길, 고원지대, 수몰 지역, 천연보호구역 등 다양한 사연을 가진 길들이 이어져 있다.

'사단법인 인제천리길'은 옛 보부상이 다니던 길, 고향 옛길 등 사라진 길을 찾고 다시 이어 새길을 만드는 일을 계속하고 있다. 인제천리길은 계속 늘어날 것이다. 가는 곳마다 절경이라는 인제천리길을 모두 걸어보고 싶다.

청정 자연 속에
푹 빠지다

전민정

독서와 글쓰기, 여행을 좋아하고 다양한 사람들과 더불어 행복하게 살아가기를 소망한다. 열린 마음으로 소통하며 가장 나답게 살기를 바란다. 열정이 있는 사람, 베푸는 사람, 늘 공부하며 배우는 사람이 되고 싶다. 현재 한국어 강사, 퍼실리테이터, 세계시민교육 강사로 즐겁게 활동하고 있다. 앞으로 무엇보다 '글 쓰는 사람'이 되고자 자발적 글 감옥에서 살고 있다.

청정 자연 속에서 느끼는
소소한 즐거움

엄마 졸업을 선언하다

"모르는 사람들하고 4박 5일이나 여행을 하고 싶어?"

인제에 가기 위해 짐을 싸는 나에게 남편은 이해할 수 없다는 표정을 지으며 한마디 한다. 생각해보니 큰아이가 고3이던 3년 전 남원 살아보기를 갈 때도 남편은 지금과 똑같이 말했다.

몇 해 전 흩날리는 벚꽃에 이끌려 17년 동안 운영하던 학원을 그만두고 안식년을 선언했다. 갑자기 많아진 시간을 이런 저런 여행과 모임, 그리고 자기개발이라는 명목 아래 다양한 강좌 수강으로 채워놓았다. 하지만 아직 두 아이가 고등학생인 현실에서 보면 학원 일만 벗어났을 뿐 진정한 의미의 안식년은 아니었다. 오히려 안식년이라는 미명 아래 더 열혈맘 모드로 변신해 아이들의 입시를 위해 동분서주

하고 있었다. 큰아이가 고3이 되고 입시가 가까워오자 나의 긴장감
은 최고조에 이르렀다.

비록 며칠간의 짧은 일정이었지만 남원 살아보기 여행은 수험생 엄
마에게 잠시나마 숨통을 트여주었다. 학창 시절 이후 특히나 결혼한
뒤로 낯선 이들과 함께하는 첫 여행이었다. 내심 걱정은 되었지만 이
미 화살은 시위를 떠났으니 후회는 더 이상 의미가 없었다.

결혼을 하고 누구의 아내, 누구의 엄마로 살아오면서 늘 가족이라
는 테두리에 갇혀 살면서 독립적이었던 '나'의 존재는 하나둘 지워져
갔다. 이곳에선 내가 누구 엄마인지, 어떤 일을 하는지 설명하지 않았
다. 지금 이 순간만큼은 내가 좋아하는 것에 대해, 나의 꿈에 대해 이
야기 했기에 진정한 나로 돌아갈 수 있었다.

앞으로 인생 2막을 어떻게 열까 고민하던 나에게 인생 선배인 그들
은 다양한 조언을 해주었다. 지역살이는 예전의 자유로운 나로 돌아
갈 수 있는 좋은 대안으로 여겨졌다.

하지만 아직 미성년인 아이들과 프리랜서로 활동 중인 여러 일들
로 인해 살아보기는 여전히 요원한 버킷리스트일 뿐이었다. 드디어
작은 아이까지 대학을 가고 나자 이제야 진정한 엄마 졸업을 선언할
수 있었다.

오랜 세월 영어강사로 살았던 나는 요즘 비대면으로 캄보디아와 이
집트 청년들에게 한국어를 가르치고 있다. BTS와 떡볶이를 좋아하
고 한국에 진심인 그들과 소통하는 것이 더없이 즐겁다. 한국어를 매

개로 자연스럽게 다른 나라의 문화를 이해하게 되면서 세계시민 교육도 하고 있다. 또한, 젊은 시절 잡지사 기자를 하며 호주 배낭여행을 감행했던 열정적인 나를 떠올리며 틈틈이 글을 쓰면서 다양한 인생 후반전을 설계 중이다.

본격적인 인생 2막과 지역살이에 대한 고민을 진지하게 할 무렵 인제로 떠났다. 그동안 강원도 인제는 살아보기는 물론 짧은 여행을 위한 리스트에조차 오른 적이 없는 곳이었다. 속초나 강릉을 가는 길에 지나간 적은 있어도 인제를 목적으로 여행한 적은 거의 없었다. 그러나 이번 살아보기 여행으로 인제를 본격적으로 탐색할 시간을 갖게 되었다.

강원도 청정 자연의 '끝판왕'

태풍 힌남노의 영향으로 바람이 몹시 불던 날. 몸은 추웠지만 마음만은 그 어느 때보다 뜨거웠다. 새로운 길을 향한 설렘이 수줍은 낯설음을 밀어내서인지 인제 읍내가 친근하게 다가왔다. 인제터미널 앞 커다란 조형물에 적힌 '하늘내린 인제'라는 문구가 왜 이 좋은 곳에 인제 왔냐며 반갑게 이방인을 맞이한다.

코로나로 국내외 여행이 모두 불발되면서 가장 많이 한 것이 둘레길 걷기였다. 꽃이나 자연이 눈에 들어오면 나이 들어가는 증거라는

데 자연을 접하며 주변을 돌아보는 둘레길 걷기는 요즘 애정하는 취미가 되었다. 서울 둘레길을 1년 만에 완주하고 완주증까지 받고 나니 다른 둘레길도 도전하고 싶어졌다. 그래서 최근 북한산 둘레길을 걷던 차에 인제에서 용늪 임도길, 필례 약수터길, 신월리 노르딕워킹도 한다고 해서 무척 반가웠다.

람사르협약 국내 1호 습지인 대암산 용늪은 인제에 오기 전까지 전혀 들어본 적이 없는 생소한 곳이었다. 1971년 이란의 람사르에서 체결된 람사르협약은 생물 지리학적으로 의미 있거나 희귀 동식물의 서식지로서 보호할 만하다고 판단되는 지역을 지정한다.

'하늘로 올라가는 용이 쉬었다 가는 곳'이라는 전설에서 유래된 용

인제 대암산 용늪은 국내 첫 람사르협약 습지다.

늪은 사계절 모두 아름답지만 찬바람이 부는 가을에 더욱 빛을 발한다.

인제로컬투어사업단 소속 김호진 자연 환경 해설사를 만난 곳은 아쉽게도 가고 싶던 용늪이 아닌 용늪 아래 임도길에서였다. 가아리 임도길 역시 미리 예약한 차량만 출입이 가능하며 주차장에서 30여분 이상 구불구불 산길을 달린 후 그 모습을 드러냈다.

임도길은 아직 개발의 흔적이 닿지 않은 듯 본래의 모습을 간직하고 있었다. 길 양 옆으로 저마다의 개성을 뽐내듯 자유롭게 가지를 뻗은 나무들은 이곳이 강원도 청정 자연의 '끝판왕'이라는 것을 여지없이 보여주었다.

임도길을 운전해주시던 분은 우리가 탄 차 앞으로 뱀이 지나가는 것을 발견하자 잠시 차를 멈추고 뱀이 다 지나가도록 기다려주었다. 작은 행동 하나였지만 인제 사람들의 자연을 대하는 진지한 태도를 엿볼 수 있었다.

패션 사진 작가, 해설사가 되다

가아리 임도길에서 만난 김호진 해설사는 해설사라고 하면 떠오르는 전형적 이미지와는 거리가 멀었다. 서울 압구정 거리에서나 만날 법한 패셔니스트의 복장에 궁금증을 자아내는 커다란 배낭을 짊어진

채 나타났다. 선글라스에 여러 개의 귀걸이까지 한 모습은 해설사가 아니라 화보를 찍으러 가는 모델 같아 보였다. 해설사가 되기 전 그의 직업이 연예인들 사진을 찍는 패션사진 작가였다니 충분히 납득이 가는 차림새였다.

일본에서 10년 넘게 살다가 2005년 건강이 나빠져 한국으로 돌아왔다고 한다. 청담동에서 스튜디오를 운영하기도 했지만 사람들 만나는 게 힘들어 조금씩 자연을 찍기 시작했다. 우리나라에 서식하는 560여 종의 새를 찍으려 해도 1년 내내 전국을 다녀야한다. 실제로 전국을 다 돌아다녀 봤는데 그중에서 생태 다양성이 가장 잘 유지되는 곳이 인제군이었다. 회사를 그만두고 자연의 매력에 이끌려 선택한 인제는 그래서 더욱 애정이 가는 곳이다.

처음 만났을 때 가졌던 선입견과 달리 용늪과 인제군의 여러 생태 자연을 차근차근 설명하는 그의 모습에서 진지함이 묻어났다. 그는 자연에 관심을 갖고 지구 시스템 관련 자료를 보게 되면서 환경문제의 심각성을 알게 되었다. 우리가 처한 현실을 조금이나마 사람들에게 알리고 용늪도 언제나 올라갈 수 있다고 해서 해설사가 되었다. 덕분에 2018년부터 2년간 북방계 식생들의 남방 한계선인 용늪에서 다양한 희귀 동식물들을 마음껏 촬영했고 좋은 결과물도 얻었다.

몇 년 전 아웃도어 브랜드인 블랙야크에서 '100대 명산'에 대암산을 포함시킨 후 용늪에 오는 사람들이 많아졌는데 정말 이곳을 보고 싶어 오는 사람들은 극소수였다. 용늪을 잠시 들렀다 가는 곳으로 인

청담동에서 스튜디오를 운영하기도 했다는 김호진 해설사. 인제의 매력에 끌려 이곳에서 해설을 하게되었다.

식하는 사람들에게 아무리 용늪의 가치를 이야기해도 받아들여지지 않았다. 태양열 판을 설치하면 좋겠다, 스키장 만들면 좋겠다며 황당한 얘기만 해댔다. 그런 탐방객들에게 실망하면서 해설사 일에 회의가 들었다. 해설사를 그만두고 좋아하는 자연 작업만 하자고 생각하던 중 인제로컬투어사업단에 합류하면서 해설사를 계속하게 되었으며 어느덧 8년차가 되었다.

　어느 정도 해설이 익숙해지면 매너리즘에 빠져 팸플릿 수준의 해설을 하기 십상이다. 하지만 그의 자존심이 그것을 허락하지 않았다. 처음엔 해설사 분야에서 오히려 이단아로 취급받기도 했다고 한다. 지금껏 하던 대로 비슷하게 해설하는 해설사들에게 "공부해라, 이런저

용늪 가는 길에서 만난 다양한 식물들.

런 준비 더해라."하며 딴지를 걸고 지적하니 업계에서 모두 그를 고운 눈으로 바라보지 않았다. 다행히 지금은 모두 그의 진심을 알게됐지만 그동안 많은 고충이 있었고 마음고생도 많았다.

다른 사람들보다 해설사 일을 늦게 시작했고, 타지에서 왔지만 해설에 대해서만큼은 진심이다. 해설다운 해설을 해야 탐방객들이 재방문을 하고 인제군의 인지도가 올라간다는 걸 알기 때문에 천편일률적인 해설은 지양한다. 인제로컬투어사업단에 합류한 후부터 한 달에한 번 그가 주축이 되어 체계적인 교육을 진행한다. 양서류와 파충류에 대해서도 세부적으로 깊이 파고 들고 곤충, 식물의 다양한 주기까지 구체적으로 공부한다. 또한 해설할 때 억양이나 사진 자료, 어떤것을 강조해야 하는지도 함께 의논한다.

그의 해설에 감동받아 4번이나 친구들을 데리고 용늪을 찾아준 탐방객도 있었다. 봄에 부모님과 함께 방문한 한 자폐 아이는 그가 보고 싶다며 가을에 다시 이곳을 찾았다. 그런 탐방객들 덕분에 그는 오늘도 해설이 힘들지만 보람을 느낀다.

다음날 백담사에서 초등학생들에게 해설을 하는 그를 만났다. 아이들에게 둘러싸여 큰 키의 그가 무릎을 꿇고 아이들의 눈높이에 맞춰 무언가를 열심히 설명하고 있다. 열 마디의 말보다 그의 뒤 모습이 아름다웠던 순간이었다.

요즘은 용늪 대신 미산에 있는 개인약수, 미산계곡, 백담사에서 영사암 코스 등 인제군 생태마을을 주로 안내한다. 그는 해설을 할 때 지형 얘기는 출발할 때 잠시 하고 대부분은 자연이 주는 혜택, 생태계 서비스, 환경에 대해 얘기한다.

환경 운동가는 아닌데 그는 해설할 때 환경 문제에 대해 많이, 그것도 강한 어조로 얘기한다. 그러다보니 그것에 공감하는 사람들은 잘 들었다 하지만 왜 자꾸 불편한 얘기만 하냐고 불만을 표하는 탐방객들도 종종 있다. 하지만 환경에 대해 공부할수록 불편한 현실들을 외면할 수가 없어 소위 욕을 먹어도 얘기할 수밖에 없다.

그는 인제에 탐방객들이 오면 꼭 두 군데를 보여준다. 자연이 그대로 남아있는 가아리 임도길과 무분별한 벌목으로 망가진 다섯골 임도길. 계곡이 살아있는 공간과 벌목으로 망가져 산사태라든가 위험성이 도발되는 것을 한꺼번에 보여줄 수 있는 공간이기 때문이다. 미산 개인약수와 미산계곡도 그가 적극 추천하는 코스다. 길이 험하지

살아있는 자연사박물관 대암산 용늪

위치: 인제군 서화면 서흥리 산 170
문의: 인제군청 환경 보호과 033-460-2065
대암산 용늪 예약사이트: sum.inje.go.kr

는 않지만 트레킹에 조금은 익숙해야 한다고 하니 다음 방문 때는 마음먹고 들러보고 싶다.

인제는 언제 오는 게 가장 좋으냐는 질문에 "자연은 지금 내가 보고 있는 순간이 가장 아름답다."며 현답을 했다.

용늪만 하더라도 5월 15일부터 10월 31일까지 출입이 가능한데 5월에는 야생화, 여름엔 금강산 비로봉에서 볼 수 있는 비로용담, 멸종 위기종인 제비 동자꽃, 닭꽃, 기생꽃, 끈끈이 주걱꽃, 지금 같은 가을에는 한창 핀 물매화 등을 볼 수 있다.

사계절 변화무쌍하니 어떠한 시기가 딱 좋다고 말할 수 없다. 그러니 항상 지금 보는 이 순간, 그것이 제일 아름답다고 늘 이야기한다.

그는 평일에 주로 해설하고 틈틈이 인제의 독특한 식생들을 차근차근 기록으로 남기고 있다. 해설하다가도 옛날에나 볼 수 있었던 땅강아지 같이 보기 힘든 곤충이 보이면 사진을 찍는다. 국립생태원에서 생태 조사 의뢰가 오면 상시 출입허가 받아 올라가 자연 찍고 계곡들 보러 가는 것이 행복하다.

살아 있는 자연사박물관으로 불리는 대왕산 용늪 전경.

귀촌 8년차인 김호진 해설사에게 귀농·귀촌에 대해 물었다. 그의 조언은 무엇보다 욕심을 버리라는 것. 욕심 안 부리고 먹고 쓸 것만 조금만 벌고 소소하게 살고자 하면 마을 사람들과 불화가 생길 일이 없다. 도시에서 살았고 무슨 일을 한 게 자랑이 아니니 그냥 서로의 다름을 인정해주면 된다고 생각한다.

"자연은 서로 다름을 인정하고 보듬어 안습니다. 식물은 식물대로 곤충은 곤충대로요. 사람한테 지쳐 여기 왔는데 자연은 나를 온전히 보듬어줄 뿐 아니라 왜 왔냐고 묻지도 않아요. 내 이야기를 다 들어주는 자연이 좋아서 왔기 때문에 후회하지 않습니다."

이제껏 살아온 것처럼 그는 앞으로도 '귀걸이를 한 해설사'로 자기

잘난 맛에 살 것이다. 좋아서 자연에 가고, 환경 논문도 열심히 읽고, 해설도 하고, 카메라로 자연을 찍으며 제멋에 사는 지금처럼.

문화 예술의 즐거움이 가득한 곳

인제의 아름다운 자연 풍광을 마주하고 자연에 진심인 사람들을 만날수록 인제가 자꾸 나에게 손짓을 해댄다. 하지만 아무리 인제의 자연이 매력적이라고 해도 매일 무엇을 하며 지내야 할지, 심심하지는 않을지 내심 걱정도 된다. 그러던 차에 인제읍에서 다락공방을 운영하며 미술과 음악을 즐기는 심윤주 대표를 만났다.

공방에 들어서니 벽면을 가득 채운 수많은 도예 작품과 화려한 색감의 그림들이 시선을 사로잡는다. 모두 심 대표가 손수 빚고, 그린 작품들이다.

심 대표는 홍대 미대 동기인 남편과 서울에서 살다 2008년 인제로 내려왔으니 올해로 귀촌 14년차다. 지금은 인제읍에서 살고 있지만 처음엔 좀 더 안쪽 산골마을인 하추리에 자리를 잡고 그곳에서 7년을 살았다.

처음부터 특별한 계획을 갖고 귀촌한 것은 아니었다. 아이가 어렸을 때는 막연히 아이들이 자연에서 뛰어놀면 좋겠다는 생각을 했다. 아이가 6살쯤 되었을 때 남편이 회사를 옮기게 되면서 집도 이사를

인제읍에서 도자기 공방을 운영하고 있는 심윤주 대표(왼쪽에 두 번째)와 필자(오른쪽에서 두 번째).

해야 해 인제로 오게 되었다. 인제로 오게 되었다. 친정엄마가 인제에 먼저 내려와서 정착한 것도 큰 이유였다. 생각보다 세월이 빨리 갔다. 5년 정도 살다 다시 서울로 갈까 생각하고 내려왔는데 결국 인제에 남게 되었다.

여기 와서 제일 좋다고 느낀 건 아이를 통해서다. 봄이 되면 고사리, 취나물, 쑥 같은 것들을 아이와 같이 캐러 다녔다. 아이가 흙에서 뛰어놀며 자연스럽게 시골생활을 알게 되고 함께 얘기하고 보내는 그 시간들이 소중했다. 불을 피워 연기가 막 움직이고 있는데 아이가 바위에 앉아 허공의 연기와 칼싸움 하고 놀았던 것이 지금도 기억 속 한 장면으로 또렷이 남아있다.

물론 불편한 것도 많았다. 마트를 한 번 가려면 20분 정도 차를 타

공방에서 성인 도자기 프로그램과 아이들 그림 수업을 진행한다. 수업이 없는 날은 개인전을 위해 도자기와 그림 작업을 하고 있다. 심윤주 대표의 도자기와 그림 작품.

고 나와야 했고 도시에서는 흔한 배달 음식도 시킬 수 없었다. 하지만 불편하다고 생각했던 것들이 살다보니 실제로 그렇게 큰 불편이 아니었다. 조금씩 익숙해지고 받아들이니 모든 게 괜찮아졌다.

자연 환경이 좋은 이곳은 작품 활동하는 사람에게는 좋은 점이 많다. 당시 서울에 전시가 잡혀있어서 작업을 해야 했는데 작업실이 없는 상태에서 작업을 해도 굉장히 편하고 좋았다.

그런 심 대표도 인제로 내려온 후 1년 정도는 불안했다. 초보 귀촌인들의 공통 질문이라고 할 수 있는 "앞으로 뭘 해야 되지?", "뭘 할까?"하는 게 늘 걱정이었다. 낯선 곳에서 뭔가 방법을 찾고 길을 열어야 되는데 아무 것도 보이지 않아서 막막했다.

지금은 그래도 덜하지만 당시만 해도 타지에서 내려오면 텃새가 심했다. 심지어 몇 년이 지나도 심지어 몇 년이 지나도 마을 사람들과 교류가 힘들었다. 처음 내려왔을 때 그런 걸 굉장히 많이 느꼈다. 다행히 남편 성격이 털털해서 오히려 마을 단체에서 일하시는 분들 젊은 사람이 내려왔으니 같이 마을 일을 해보자고 권유했다. 남편이 마을 일로 바빠지면서 그때부터 그도 학교나 외부 수업을 나가기 시작했다.

요즘은 공방에서 성인 도자기 프로그램과 아이들 그림 수업을 진행한다. 수업이 없는 날은 개인전을 위해 도자기와 그림 작업을 하고 있다. 1년에 한 번씩 하는 개인 전시 준비로 바쁜 시간을 보내고 있다.

이번 전시 주제는 '도자로 만나는 민화이야기'로 20여점 정도 전시할 예정이다. 예전부터 민화를 좋아해서 민화와 도자기 조형 작품 작업을 함께 하고 있다. 민화를 좋아하는 이유는 좋은 일을 염원하고 바라는 마음 때문이다. 부귀를 뜻하는 모란에 새, 화병, 닭이 있으면 더 의미가 좋아진다는 것을 책에서 보고 나서 자신의 작품에 새나 닭을 더 많이 그려 넣고 있다고 한다. 민화에 담긴 의미를 듣고 밝고 화려한 색을 많이 사용한 그의 자작나무 그림을 다시 보니 저절로 기분이 좋아졌다.

인제에는 예술인들이 작품 활동할 수 있게 지원해주는 프로그램이 많이 있으며 그동안 활동해온 것을 증빙하고 앞으로 전시나 계획들을 첨부하면 전문예술인지원사업을 통해 지원을 받을 수 있다. 전문예술인으로 다양하게 활동하는 심 대표와 달리 일반 귀촌인들에게는 어떤 즐길거리가 있을지 궁금했다.

"다양한 문화를 즐기는 것은 도시에 비해 살짝 부족할 수 있지만 배울 수 있는 다양한 강좌들이 마련되어 있습니다."

처음 오면 무슨 활동을 해야 할지도 모르고 배우고 싶어도 어떤 것이 있는지 잘 안보이지만 군청, 문화재단, 평생학습 사이트 등에 접속해 천천히 검색해보면 좋은 강좌들이 많다. 기타, 장구, 드럼에서부터 미술이나 시 창작, 컴퓨터 등 다양한 것들을 배울 수 있다. 수강료도 실비 정도 수준이거나 무료인 경우가 대부분이다. 한 가지 아쉬운 것은 사이트들이 통합되어 있지 않아 따로따로 검색해야 한다는 것이다.

읍내 하늘내린센터에는 영화관, 공연장이 구비되어 있고 수질 맑고 시설 좋은 수영장, 골프 연습장도 있어 시간만 허락한다면 저렴한 비용으로 마음껏 문화생활을 누릴 수 있다. 특히 인제와 원통 CGV는 서울과 비교해 거의 절반 가격인 6,000원으로 영화를 볼 수 있다는 장점이 있다. 차타고 조금만 나가면 풍광 좋은 둘레길, 박물관, 미술관도 있고 무엇보다 물가도 싸다. 인제에 살면 무료하지 않을까 걱정했는데 풍족한 문화시설에 기대 이상 다양한 문화 프로그램이 있다니 내일부터라도 당장 한달살기를 하고 싶은 마음이 샘솟는다.

심 대표는 그동안 작품 활동을 하느라 강좌에 제대로 참여할 기회가 없었는데 5년 전 드럼강좌가 오픈되면서 예전부터 하고 싶었던 드럼을 배우기 시작했다. 미술만 하다가 다른 분야로 눈을 돌려 새로운 에너지를 느끼게 되니 행복하고 좋았다. 지금은 인제앙상블오케스트라에서 활동하며 타악기인 팀파니를 담당하고 있다고 한다.

인제 한계리에는 내설악예술인촌공공미술관이 있다. 공공미술관에서 문화 예술인들이 모여 정기적으로 전시회를 개최하고 지역주민과 관광객들의 문화체험도 지원하고 있다.

심 대표도 전문 예술인으로 전시회를 개최하기도 하고, 예술 애호가로 다양한 전시가 열리면 자주 보러 가기도 한다. 공공 미술관에는 많은 수업이 있는데 그 강좌를 수강한 사람들도 같이 전시를 한다. 처음 배운 사람들에게 전시회를 할 수 있는 기회를 준다는 것은 굉장히 큰 혜택이다.

"아무 생각 없이 귀촌한 저에 비해 요즘 50+ 세대들은 미리 준비하는 게 많아서 시행착오를 줄이며 원하는 것을 많이 할 수 있을 거예요."

14년 전으로 돌아간다면 솔직히 귀촌을 선택할지 어떨지 모르겠다는 심윤주 대표. 그럼에도 불구하고 그는 인제에 살면서 단점보다 장점을 더 많이 찾았다고 했다. 가장 좋은 건 어디서나 자연이 보이는 것. 앞으로 어느 곳을 가더라도 자연 환경이 중요한 요소가 될 것 같다고 한다.

인생에서 어떤 게 필요하고 중요한 건지 인제에 살면서 점점 느끼고 있다. '다락공방(多樂工房)' 이라는 이름처럼 그는 이곳에서 '많은 즐거움'을 누리며 살고 있다. 그래서 '백 투 더 퓨처'에서 처럼 과거로 다시 돌아간다 해도 그가 똑같은 선택을 할 것이라는 확신이 들었다.

처음처럼 늘 한결같았던 여초 선생의 삶

한 폭의 수묵화 같은 소나무 숲을 걸어 들어가면 웅장하고 세련된 모습의 건물이 나타난다. 한국시집박물관과 나란히 서 있는 여초서예관. 그곳에서 지금은 직접 만날 수 없지만 인제에 영원히 남아있는 한 사람을 만났다. '추사 다음에 여초'라는 평가를 받는 근현대 한국 최고 서예가 여초 김응현 선생이다.

'처음과 같다'는 의미의 '여초(如初)'는 평생 한결같이 글씨 수련에 정진한 김응현 선생의 삶과 너무나 잘 어울리는 '아호(雅號)'다. 전서, 예서, 행서, 초서, 해서 등 오서와 모든 서체에 능했던 여초 선생은 2006년 광화문 현판 교체론이 대두될 당시 현판 글씨를 작업할 현역 서예가 중 1순위에 오를 정도로 인정받은 대가였다.

서예관 건물 외벽에 새긴 여초 선생의 글씨가 야외에 조성된 연못에 거울처럼 비치는 모습은 그 자체가 하나의 작품이다. 범상치 않은 멋진 건물 외관에 감탄하며 연신 사진을 찍으니 모든 것이 '인생샷'이다. 알고 보니 이 건물은 2012년 '한국건축문화대상'을 수상했으며 2012년 '올해의 건축 BEST 7'에 선정된 진짜 '작품'이었다.

여초서예관에는 여초의 문화재급 서예 작품과 유품, 국내외 서법 관련 자료와 서적 등 총 7,000여 점의 소장품이 보존, 전시되어 있다.

가장 먼저 관람객을 맞는 1층 '여초 생애관'에는 여초의 손때 묻은 붓, 머루 등 서화용구와 안경, 돋보기, 수첩 등 생활용품이 실물 전시

'처음과 같다'는 의미의 여초는 한결같이 평생 글씨 수련을 한 김응현 선생의 아호이다. 여초는 추사 다음에 여초라는 평가를 받는 근현대 한국 최고 서예가이기도 하다.

되어 있다. 또한 서법 이론을 강의하던 여초 선생의 생생한 육성을 들을 수 있어 더욱 실감난다.

2층 '여초 작품관'에서는 각 서체에 능했던 여초 선생의 서예 작품들과 명품 글씨를 감상할 수 있다. 또한 기획 전시공간이 따로 마련되어 다양한 전시와 행사가 연중 이어지고 있다. 서예관에서 제공하는 앱을 설치하면 재미있는 체험도 할 수 있다.

여초는 어려서부터 할아버지를 따라 땅바닥에 나뭇가지로 글자를 쓰면서 서예에 입문했다. 교통사고로 오른손을 다친 후에는 사용하지 않던 왼손으로 글씨를 썼고 그 작품을 모아 전시를 열었다. 여초 선생이 오른손과 왼손으로 쓴 두 개의 작품을 나란히 보니 진한 감동이 밀려왔다.

얼마 전 오십견으로 건강에 이상이 왔을 때 활동이 힘들어져 마음

마저 위축된 적이 있다. 당시 고통을 극복하고 무언가를 한다는 건 엄두도 나지 않았다. 그런데 여초 선생은 힘든 와중에 왼손으로 글씨를 썼고 쓴 글씨도 필체가 흐트러짐이 없었다 하니 글씨가 인생 그 자체였던 여초의 삶에 절로 고개가 숙여진다.

자유롭고 간결하며 힘 있는 여초의 작품은 도시에서의 짐을 내려놓고 편안한 마음을 가지라고 위로하는 거 같다. 한결 가벼워진 마음으로 서예관을 나서면서 '사람이 꽃보다 아름다워'라는 노래가 자연스럽게 떠오른다. 처음과 같이 평생 한결같았던 여초의 인생이 아름다운 인제의 자연과 어우러져 더욱 빛나고 있다.

여행은 "내가 보고 싶은 것을 보러 가는 게 아니라 그가 보여주는 것을 보러가는 것."이라는 말이 있다. 이번 인제 여행이 그랬다. 어린아이처럼 환호하며 올려다 본 쏟아질 것 같이 빛나던 별천지 밤하늘처럼 인제는 너무 많은 것을 보여주었다. 처음 인제의 자연 경관이 너무 아름다워 눈물이 났지만 머물수록 미처 몰랐던 화전민들이나 수몰마을 사람들의 슬픈 사연에 또 눈물이 났다.

여초서예관

- -

주소 : 강원도 인제군 북면 만해로 156
연락처 : (033)461-4081
관람시간: 09:00~18:00(동절기 17:30)
휴관일 : 매주 월요일, 1월1일, 설날, 추석

인제에서 '젊은 날의 나'와 '현재의 나'를 마주했다. 과거도 현재도 다 소중하다는 평범한 진리를 이곳에서 발견하고 후반전을 위한 마음 배터리를 가득 충전했다.

인제가 더 이상 낯설지 않다. 인제에는 청정 자연, DMZ 평화, 풍부한 문화 예술뿐 아니라 삶의 향기가 그득한 아름다운 사람들이 있었다. 이들 모두 인제의 큰 숲을 가득 채운 거목들이었다. 그 모든 것이 퍼즐처럼 연결되어 인제라는 큰 그림을 빛나게 완성하고 있었다.

며칠간 인제에서 '젊은 날의 나'와 '현재의 나'를 마주했다. 과거도 현재도 다 소중하다는 평범한 진리를 이곳에서 발견하고 후반전을 위한 마음 배터리를 가득 충전했다. 충전된 힘으로 일상을 살아내다 다시 삶에 지치고 마음이 팍팍해질 때마다 인제를 떠올릴 것이다. 든든한 휴식같은 친구 인제로 달려와 힘을 받아 다시 나아갈 다양한 길들을 찾아낼 것이다. '당신을 기다립니다'라는 자작나무 꽃말처럼 인제는 그 자리에 변함없이 우리를 기다리며 반겨줄 테니까.

김정란

주체적인 결정과 지혜로운 갈등 해결 방법을 배우는 삶을 기대한다. 성실하게 들으며 소통하며
관계 맺음을 좋아한다. 책과 함께하는 다양한 활동을 하고 있으며 열정 온도를 유지하고 싶다. 나
이라는 걸림돌을 지나 놀이 문화를 공유하는 작은 공간을 꿈꾼다. 출판사 놀다락 대표, 글쓰기 숨
은 고수, 심리 독서모임 운영자, 심리 상담사로 활동 중이다.

살아보기, 일단 하고 보자!

아직은 무언가를 해도 되는 나이

"낯선 곳에서 모르는 사람들하고 며칠간 살아보려고 해."

"여행이 아니고? 살아 보는 건 뭐야? 나중에 귀농이나 귀촌 같은 거 하려고?"

"아예 사는 거 보다 일주일을 반반으로 나눠 살아도 되지 않을까."

"우와! 재미있을 거 같은데. 엄마가 부럽네."

"괜찮을 거 같지? 스쳐가는 여행보다 머물러 사는 것은 어떨지 궁금해."

"역시 울 엄마답네. 겁 없이 해보는 거. 엄마는 생각하면 무조건 하잖아."

인제 여행을 준비하면서 딸들에게 '살아보기' 이야기를 꺼냈다. 예상대로 반응은 긍정적이었다. 나는 가끔 아이들이 나를 엄마보다 최근 경험이 부족한, 연식이 조금 된 선배쯤으로 여겨주었으면 좋겠다는 생각을 한다.

딸들이 엄마인 나에 대해 객관적인 입장에 서서 바라볼 때면 가끔 섭섭한 생각이 들기도 한다. 하지만 지나고 보면 아이들의 말이 틀린 것이 없었다. 딸들은 학교 졸업 후 여러 선택지를 만날 때마다 고집스러울 정도로 스스로 선택하고 결정하는 모습을 보여주었다. 한편으로는 불안하기도 했지만 기우였음을 명백하게 깨닫고 기다리는 부모가 되기로 했다.

서른의 나이로 워킹홀리데이를 준비하고 있는 큰딸, 전공과 무관하게 하고 싶은 것을 찾아 다시 시작한 작은딸, 자신의 인생을 스스로 만들어가는 아이들의 모습을 보면서 나도 할 수 있다는 용기를 얻는다. 아직은 무엇인가를 해도 되는 나이라는 것을 믿고 그것을 증명하기 위해 노력하고 있다. 살아보기! 그래 일단, 하고 보자.

마을이 세계를 구한다

살아보기 여행을 준비하는 과정에서 '관계인구'라는 말을 여러 번 들었다. 관계인구란 특정 지역의 인구를 거주지에 사는 주민으로 제

한하지 않고 지역과 관계를 맺는 사람들로 확대하는 개념이다. 귀농이나 귀촌으로 지역에 정착해야하는 부담보다 관계인구가 되는 것이 현실적이고 가볍게 느껴진다. 짧은 기간이지만 나도 인제의 관계인구가 될 수 있을지 그 가능성을 고민해보고 싶었다.

인제의 농촌 체험과 관광의 중심 역할을 하고 있는 하늘내린인제로컬투어사업단의 정연배 이사장을 냇강마을 들꽃사랑센터에서 만났다. 직접 만난 정 이사장은 생각했던 이미지와는 다소 달랐다. 전화통화를 할 때는 목소리가 딱딱하고 사무적이어서 정장차림의 반듯한 중년신사의 모습이 그려졌지만 막상 만나보니 긴장한 듯 웃는 얼굴에 서글서글한 목소리가 부드럽고 편안한 느낌을 주었다.

정 이사장은 백담마을 용대리에서 태어나서 학창시절을 보내고 다

냇강마을에 위치한 들꽃사랑센터 건물.

른 지역에 나가 살다가 1995년 고향으로 돌아왔다. 고향에 온 지 27년째로 지금은 인제로컬투어사업단 이사장이면서 백담마을 용대리 이장을 함께 맡고 있다.

정 이사장이 귀향하게 된 이유는 아버지의 병환 때문이었다. 췌장암 선고를 받은 아버지를 돌보기 위해 아들 넷 중 누군가는 내려와야 하는 상황이었다. 객지에 나가 안정적으로 자리를 잡고 있던 다른 형제들과 달리 아직 자리를 잡지 못하고 있던 정 이사장이 형제들을 대표해서 아버지를 위해 고향으로 돌아오게 됐다.

고향에 내려온 지 얼마 지나지 않았을 때 마을 총회에 나갔다가 이장의 부탁으로 얼떨결에 마을 총무를 맡게 되었다. 고향으로 내려오면서 개인적으로 생각한 일들이 있었지만 마을 총무로 활동하면서 다

하늘내린인제로컬투어사업단 정연배 이사장을 만나 인제살이 이야기를 들었다.

른 생각을 할 엄두를 내지 못했다.

　총무를 맡아 마을 일을 하면서 초창기에 추진했던 일 가운데 대표적인 것은 1996년 7월, 법인을 설립하고 버스 2대로 백담사 가는 길에 버스를 운행한 것이었다. 당시만 해도 백담사 가는 길 중간까지만 버스를 운행했지만 2004년 10월부터는 백담사까지 연장 운행하게 되었으며 버스도 10대로 늘렸다. 코로나로 인해 한동안 어려움을 겪기도 했지만 2022년부터 다행히 조금씩 나아지고 있다. 현재는 백담사 가는 버스 길 옆으로 공간을 확보해서 걸어서 산책할 수 있도록 둘레길을 조성하고 있다.

　"마을이 세계를 구한다."는 마하트마 간디의 말을 떠올리며 정 이사장은 "마을이 살아야 그 마을이 지구를 지킬 수 있다."고 말한다. 또 마을을 살리기 위해서는 농촌에 아이들이 있어야 한다고 판단, 아이들이 자연을 배우고 자연에서 정서를 함양할 수 있게 하기 위해 산촌생태유학센터를 만들었다. 산촌생태유학센터는 다른 지역의 학생들이 인제에 와서 생태환경을 체험하는 6개월 과정의 프로그램이다.

　이사장을 맡고 있는 인제로컬투어사업단은 2005년 6개 마을이 참여한 가운데 마을 단위 혁신연구회의 형태로 시작됐다. 2011년부터 사단법인 형태로 조직을 바꾸었으며 지금은 35개 마을이 회원으로 활동하며 농촌 체험, 농촌 관광, 농촌 활성화와 관련된 일을 하고 있다.

　2010년 무렵, 환경부에서 생태관광을 활성화시키기 위해 당시 전국 지자체 중에서 세 지역을 뽑아 생태관광지역으로 선정했는데 산촌

에서 인제군, 바닷가에서 남해군, 복합 도시형으로 안성군 안성시 등
세 지역이 포함되었다. 인제군이 환경부 생태관광지역으로 선정되면
서 인제로컬투어사업단은 농촌 활성화와 생태관광 사업에 주력해 왔
고 2022년부터는 귀농·귀촌센터의 역할까지 함께 하고 있다.

정 이사장은 인제로컬투어사업단이 출범할 때부터 지금까지 매월
한 차례씩 한 번도 빠짐없이 회의를 진행해왔다. 특별한 안건이나 의
결사항이 없어도 회의를 한다. 마을 일을 잘 하려면 마을 사람들이 함
께 어울리는 것이 중요하다고 생각하기 때문이다. 인제군 내 35개 마
을이 친밀하고 가까운 사이가 되도록 하고 있다.

정 이사장은 마을과 사업단이 유기적으로 돌아갈 수 있도록 중간
에서 윤활유 역할을 하고 있다. 처음에는 다른 지역이 잘하는 것을
보면서 그대로 따라하려고 욕심도 부려봤지만 시간이 지나면서 남들
을 따라하는 것보다 자신들의 지역에 맞는 것을 해야 한다는 것을 깨
닫게 됐다.

마을 간 마찰이나 갈등이 있을 때도 마을에 맡길 뿐 개입하지 않는
다. 중간에 개입하는 순간 관계가 틀어지게 되고 결국에는 누군가를
탓하게 되기 때문이다. 마을에서도 마을 사람 이외의 다른 사람이 참
견하거나 개입하는 것은 받아들이지 않는 분위기다. 마을 사람끼리
해결하도록 두지 않으면 계속해서 문제가 발생한다.

보통은 양쪽에 문제가 있다고 생각되면 중간 입장에서 판단하고 해
결해주려고 하지만 정 이사장은 당사자들이 스스로 답을 찾을 때까지

인제군이 환경부 생태관광지역으로 선정되면서 인제로컬투어사업단은 농촌 활성화와 생태관광 사업에 주력해 왔고 2022년부터는 귀농·귀촌센터의 역할까지 함께 하고 있다.

기다려주고 해결할 수 있도록 믿어준다. 문제 상황을 아주 현명하게 대처하고 있다는 생각이 들었다. 나도 15년 동안 심리상담을 하면서 다양한 사람을 만날 기회가 있었지만 중년의 나이가 되면 생각의 틀을 바꾸거나 유연하게 하는 것에 대해 두려움을 갖고 있기 때문에 바꾸기가 쉽지 않다고 생각했다. 나이든 사람들이 자신의 생각이 언제나 옳다고 주장하며 경험을 기준으로 타인을 평가한다고 여겼는데 정 이사장의 이야기를 들으면서 내 생각이 편견이었다는 것을 알았다.

정 이사장은 사업단과 마을 일을 열정적으로 하면서 보람도 느끼지만 개인적으로는 "집에서 쫓겨날 상황"이라고 웃으며 이야기했다. 인제로컬투어사업단의 경우 지원을 받아 운영되고 있기 때문에 실무자들에게만 급여를 지급하고 있다고 한다. 사업단의 이사장을 오래했지만 그야말로 무보수 명예직인 셈이다. 마을 이장 월급이 나오기 때문에 그럭저럭 생활에 보탬이 되고 있다고 한다. 다행히 아내가 한국 DMZ평화생명동산에서 교육팀장으로 근무하고 있어 지금까지 가계를 유지하는 데 큰 도움이 되었다.

정 이사장은 27년 동안 지역 활동해오면서 친구지만 존경할 수 있는 사람이 있어서 여기까지 올 수 있었다며 냇강마을 박수홍 대표와의 인연을 이야기해 주었다. 지역에서 마을 일을 하면서 가장 힘이 되었던 것이 바로 이렇게 뜻이 잘 맞는 친구의 존재다.

중학교 동창이기도 한 박수홍 대표는 인제로컬투어사업단의 모태인 혁신연구회의 초대 회장으로 6년간 활동했으며 지역에서 일할 때 누구보다 뜻이 잘 맞는 친구다. 언제든 속마음을 털어놓고 상의할 수 있는 누군가가 옆에 있다는 것이 열정적으로 활동할 수 있는 원동력이 되었다. 정 이사장과 박수홍 대표의 관계는 끈끈하면서도 서로의 거리를 지키며 존중했기 때문에 가능했을 것 같다.

두 사람의 관계를 보면서 중년의 나이가 되면서 서로 믿으며 존중하고 있음이 자연스럽게 드러나 보이는 배우 정우성과 이정재가 생각났다. 의리와 존중으로 40년 이상을 함께 하는 친구 관계가 현실에서 쉽지 않다. 혼자만의 노력으로 되는 것은 아니라 서로에 대한 신뢰가 있어야 하기 때문이다. 두 사람의 동행을 보면서 서로 분위기나 표정이 닮았다는 생각이 들었다. 나이 들어 편안하게 관계맺음이 부럽기도 했다.

정 이사장이 이장으로 있는 백담마을 용대2리는 식당과 편의점이 많은 상업지역으로 농사보다는 관광객들과 자주 만나는 곳이다. 이 때문에 주민들이 사람을 대하는 태도나 마음이 무엇보다 중요하다. 정 이사장이 생각하는 주민에 대한 개념의 핵심은 '시간'이 아니고 '장소'다. 현재 그곳에 있는 사람이 지역의 주민이지 그 지역에서 오래 살았다는 것이 중요한 것은 아니다.

무엇보다 다른 지역 사람을 받아들이는 것이 중요하며 서로를 받아들이고 나누어야 한다. 현재 있는 사람이면 누구나 주민이라는 이야기를 들으니 나도 인제주민으로 인제 지역 안에 있다는 사실이 친근하고 따뜻하게 느껴졌다.

정 이사장에게 인제로컬투어사업단은 자신의 인생과도 같다. 10대부터 혼자 해왔던 고민을 30대에 귀향해서 50대에서 60대로 가는 시점까지 하나 둘 해결해 가는 과정에서 사업단이 중요한 역할을 담당하고 있기 때문이다.

정 이사장은 마을 일을 하면서 충분한 보상이 없음에도 한결같은 열정으로 임하고 있다. 30대에 농촌으로 귀향한다는 것도 쉽지 않은 일이고 젊은 나이에 마을 일을 하겠다고 나서는 것도 흔하지는 않다. 정 이사장을 언제까지나 응원하고 싶어진다.

백담사에서 가을을 담다

인제를 조금 더 느끼고 싶어서 대표적인 명소 백담사로 가는 일정을 계획하고 용대리로 향했다. 백담사는 한국의 대표적인 고찰로 내설악으로 이어져있으며 설악산 대청봉에서 작은 연못(담·潭)이 100개 있는 지점에 세워진 절이라 백담사라고 부른다. 절 이름의 유래보다 다른 이유로 사람들에게 더 널리 알려져있다.

백담사를 방문하는 것은 이번이 두 번째로 평일 오전 시간임에도 버스가 만석으로 운행된다는 것이 놀라웠다. 버스 창밖으로 스쳐가는 나무들이 가을색 물들이기를 준비하고 있었다. 버스에서 내려 백담사로 이어지는 수심교를 건너 사찰 안으로 들어가 천천히 걸었다. 파란 가을 하늘에 하얀 구름이 물감으로 칠해놓은 듯 선명하다.

사찰에는 20여 명 정도 되는 젊은 청년들과 스님이 템플스테이를 준비하고 있었다. 승복을 입은 스님들이 여유롭게 다니는 모습이 그림처럼 자연스럽다. 국내 유명한 사찰마다 템플스테이를 한다는 것을 알고 있었지만 직접 보는 것은 처음이라 신기해서 잠시 멈춰 서서 지켜보았다. 템플스테이에 참여하는 청년들 무리가 소리 없이 움직이고 사찰을 설명하는 스님 목소리도 잔잔해서 듣기가 좋았다. 적막함과 안정감이 동시에 느껴졌다.

절에서 나와 계곡으로 걸어가니 백담사를 다녀간 사람들이 소원을 빌며 쌓은 돌탑이 무수하게 많다. 맑은 돌 위로 흐르는 물소리가 청

젊은 청년들과 스님이 템플스테이를 준비하고 있는 모습과 함께 승복을 입은 스님이 여유롭게 다니는 모습이 그림처럼 자연스럽게 보였다.

아하고 빛에 반사되는 계곡의 윤슬이 유난히 반짝이고 있다. 계곡을 건너서 산책하기 좋은 숲길에 들어서니 한적하고 고요해 명상하기에 딱 어울린다. 숲길 속에 마련된 자연 관찰로 중간에 한 무리의 초등학생들이 해설사가 설명하는 환경과 생태 이야기를 집중해서 듣고 있었는데 그 모습이 너무 예쁘고 사랑스러웠다.

눈으로 보고 손으로 만져보고 알아가는 것이 책상에 앉아서 글로 배우는 것보다 훨씬 중요하다는 생각을 하며 산책길을 따라 내려오는데 템플스테이 일행이 스님을 따라 두 명씩 줄을 지어 걸어오고 있었다. 두 사람 중 한 사람은 수건으로 두 눈을 가리고 옆 사람의 손을 잡고 조심스럽게 한발 한발 내딛는다. 앞을 가린 사람은 옆 사람이 조용조용하게 안내하는 말을 듣고 안내하는 사람은 손을 잡고 자세를

버스에서 내려 백담사로 건너는 다리 위에서 가을 하늘의 멋진 풍경을 보고 넋을 놓고 멈추어 있었다.

기울이며 보폭을 맞추어 걷는다. 산책길을 걸으며 젊은 친구들은 어떤 깨달음을 얻게 될까? 타인의 말을 경청하는 것을 알아차리는 걸까? 자신을 이끄는 상대를 전적으로 믿어야 하는 신뢰를 배우게 될까? 템플스테이를 한번쯤 해볼까 생각해 본 적이 있어 혼자 이런저런 생각을 해보았다.

　4년 전 가을이 깊어갈 때 설악산 대신 백담사에 가자는 친구에 이끌려 처음으로 백담사를 다녀왔던 기억이 났다. 그때는 절에 가는데 버스를 타고 가야하는 것도 몰랐고 그 길이 외길로 위험한 곡선으로 이어진다는 것도 몰랐다. 산책길을 가볍게 돌아 내려오니 한가롭고 고요한 사찰에 작은 종이 울리고 종소리를 듣고 여기저기에서 스님들이 한곳으로 걸어 들어가는 뒷모습이 보인다. 승복의 스님들이 조용하게 움직이는 것이 그림처럼 평화롭다.

청명한 가을날에 하늘아래 백담사를 둘러보는 한나절은 어느 멋진 가을날이었다. 잠시 머물다 가는 바람이 손끝으로 느껴지고 아직은 붉음이 덜한 나무지만 지금 그대로 믿음직스럽다. 백담사를 오고가는 사람, 하늘, 나무, 스님의 발걸음에 가을이 조금씩 묻어나고 있었다.

달뜨는 마을에서 '문학의 밤'이 깊어가다

인제에서 머문 마지막 밤은 달 뜨는 마을에서 시작되었다. 저녁 메뉴는 야외에서 즐기는 바비큐와 송이버섯 요리였다. 잘 구워진 고기와 송이버섯이 어우러진 맛은 표현하기 어렵지만 일단 내 입맛에 잘 맞았다. 구운 고기와 손으로 얇게 찢은 송이버섯을 기름에 한번 소금에 한번 찍어 먹었다. 생생한 식감이 살아있었다.

여유 있고 편안한 저녁 만찬을 즐기며 일행하고 자연스럽게 살아보기 소감을 나누었다. 마당 한가운데 나무 장작을 쌓아 모닥불을 피워놓고 의자에 둘러앉았다. 옆 사람과 소소하게 주고받는 이야기와 기타 소리가 어둠 속으로 잔잔하게 퍼졌다.

학창시절 수련회 마지막 밤처럼 모닥불이 타오르고 있을 때 이번 인제 여행의 동행자이기도 한 김대현 오플밴드 대표가 통기타를 멋지게 꺼냈다.

김대현 대표는 서울시50플러스센터에서 문화기획자 과정을 수료한 후 동료 3명과 밴드를 만들었다. 악보를 공유해서 1,000명이 함께 공연을 해보자는 취지로 '천개의 악기, 천개의 소리'라는 공연을 기획하는 등 50대 이후 새로운 삶을 살고 있는 주인공이다.

싱어송라이터로 70세까지 10곡 정도를 만들 계획을 갖고 있으며 가족이 함께 참여하는 음악회 겸 파티도 계획하고 있다. 김 대표는 인제 여행을 통해 음악 공연, 글쓰기, 여행 등을 통해 관계인구로서 지역 사람들과 연대감을 만들 수 있겠다고 생각했다고 한다.

김대현 대표의 통기타 연주에 맞춰 자연스럽게 달 뜨는 밤 음악회가 시작되었다. '사랑을 노래해요'라는 노래를 함께 부르며 정해진 순서도 내용도 없는 즉석 문학의 밤이 이어졌다. 노래를 이어 부르다가 일행 중 한 사람이 평소 잘 흥얼거리는 '천 개의 바람이 되어'라는 노래를 수어로 들려주었다.

나의 사진 앞에서 울지 마요 나는 그곳에 없어요.
나는 잠들어 있지 않아요. 제발 날 위해 울지 말아요.

가사 말을 소리가 아닌 수어로 춤추듯 부드러운 움직임으로 전달하

마당 한가운데 나무 장작을 쌓아 모닥불을 피워놓고 의자에 둘러앉았다. 옆 사람과 소소하게 주고받는 이야기와 기타 소리가 어둠 속으로 잔잔하게 퍼졌다.

는데 밤하늘 달빛에 어울리는 한 폭의 그림을 보는 듯했다. 다시 노래가 이어지고 다른 일행이 잔잔한 음악에 어울리는 시를 낭송했다.

목마는 하늘에 있고 방울 소리는 귓전에 철렁거리는데 가을바람 소리는 내 쓰러진 술병 속에서 목메어 우는데

박인환의 '목마와 숙녀'를 낭송하는 차분한 목소리가 가을밤의 정취를 더해주었다. 장작 타는 소리, 낮게 울리는 기타 소리, 하나의 목소리로 합창하는 노래는 인제의 마지막 밤을 따뜻하게 모아주었다.

누가 먼저라 할 것 없이 우리는 주위의 모든 빛을 끄고 밤하늘을 쳐다보았다. 크고 작은 별 사이에 미세하게 보이는 별들이 점으로 박

혀 소소한 빛을 비추었다. 별이 쏟아진다는 표현 그대로의 모습이 거기에 있었고 가장 빛나는 밝음은 완전한 어둠 속에서 볼 수 있었다.

아는 사람 없는 낯선 곳이 두렵지 않다

인제 살아보기 여행에 참여하면서 한곳에 정착해서 사는 것과 여행으로 사는 것 중 나는 어떤 것을 더 좋아하는지 궁금했다. 모든 것이 나에게 첫경험이었다. 사람도 장소도 상황도 프로그램도 모든 것이 새로웠다.

생각했던 것보다 살아보기는 어렵지 않을 것 같았다. 아는 사람 없이 낯선 곳에서 사는 것을 두려워하지 않는다는 것도 확실히 알았다. 누군가와 성급하게 가까워지려고 하지 않아도 천천히 스며들어 가는 분위기가 너무 편안하고 좋았고 자연과 사람 그리고 환경이 만들어 가는 분위기와 느낌은 정겨웠다.

인제에서 살아보기를 하고 난 후 내가 생각보다 더 여행을 좋아한은 사람이라는 것을 알았다. 아직은 머물기 보다는 많은 곳을 찾아다니고 자연을 배우고 사람도 만나고 싶다. 다만 나에게 첫 경험을 많이 하게 해준 인제에 관계인구가 되어 반가운 친구를 만나러 가듯 자주 갈 수 있는 곳이면 좋겠다.

용대리에서 만해 마을로 이어지는 길에 버들 마편초가 보라빛의 고운 자태를 선보이고 있었다.

지영진

홍천에서 8개월 살아보기를 경험했고 남원, 강릉 그리고 인제까지 살아보기 여행을 했다. 서울에서 태어나 서울에서만 살아 딱히 돌아갈 고향이 없다는 사실이 늘 안타까웠다. 가는 곳마다 새로운 경험을 하고 새로운 사람들을 사귀며 재미있게 살아보고 싶다. 여행하다 마음에 드는 곳이 있으면 살아보기를 하고 싶고 살아보기를 한 곳들은 고향이다 여기며 그렇게 살고 싶다.

한국시집박물관 · 박인환문학관 · 노르딕워킹

여행지에서 시를 읽는다는 것

딸의 이사를 뒤로한 채 떠나다

엄마는 정말 인제에 갈거냐며 딸아이가 몇 번이나 물었다. 대학을 졸업하고 취업한 딸은 집에서 출퇴근이 어려워 회사 근처로 이사하기로 했다. 일정대로라면 인제에 다녀온 후 이틀 만에 분가를 시켜주어야 하는 상황이다. 딸은 많이 놀란 눈치였다. 자기로서는 꽤 커다란 사건인 분가를 앞두고 짐도 싸주고 이사갈 집에 필요한 집기들을 사러 다닐 줄 알았던 엄마가 커튼을 고르는 대신에 인제로 여행을 떠난다니.

그동안 딸과 나의 스케줄이 겹치면 늘 내 일정을 포기했다. 내가 뭐그리 대단한 일을 하는 것도 아닌데 하면서. 언제나 아이를 위한 선택을 하면서 아이를 위해 희생하는 것쯤은 당연한 엄마의 덕목이라 생각했다. 집안 대소사를 내가 처리하는 것을 당연하게 여기는 것처럼. 친구의 지적이 있기 전까지는 그런 생각조차 하지 못했다. 친구는 내가 희생하는 것도 일종의 자존심 아니겠냐고 물었다. 허를 찔린 느낌이었다.

아이를 키우며 오랜 세월 내 삶을 뒤로 한 채 아이에게 양보하고 희생한 게 결국은 내 자존심이라니. 딱히 부정하기 쉽지 않았다. 당연히 자존심 때문만은 아니었지만 아이를 태워다주고 남편의 시중을 들면서 집안에서 쓸모없이 살아간다는 생각을 덜 수 있었던 것은 사실이다. 불필요하게만 느껴지는 나의 존재 가치를 증명이라도 하듯 절박하게 아이를 키우고 남편을 뒷바라지했다는 것을 인정할 수밖에 없었다.

이제 딸은 대학 졸업 후 취업을 했고 결국 분가까지 한다. 남편은 정년을 앞두고 내년이면 임금피크에 들어가 시간적 여유를 넉넉하게 가질 것이다. 영원할 것만 같았던 육아와 남편의 뒷바라지가 갑자기 동시에 끝을 보이고 있다. 막다른 골목으로 몰리는 느낌이다. 조선 시대 아녀자의 삶을 산 것도 아닌데. 부모님께서 현모양처의 덕목을 말씀하시면 반감을 갖고 살았으면서 나도 모르게 나의 존재 가치를 남편과 아이에게서 찾으며 살았나보다.

후회는 크지 않다. 전업주부로서 당연한 역할이었다고 생각한다. 취미생활도 많이 했고 친구들과 여행도 다니며 즐겁게 나만의 삶을 산 부분도 있다. 그래도 아이의 독립과 남편의 은퇴는 당황스럽다. 이사를 앞두고 인제를 다녀온다고 갑자기 나를 찾거나 하는 건 아니겠지만 그냥 가고 싶었다.

언제나 너를 위해 나를 뒤로 하고 사는 건 아니라는 걸 보여주고도 싶었다. 그래야 할 것 같았다. 나는 인제로 간다. 아이에게 미안한 마음을 가지고 가지만 한편으로는 나도 나의 일이 있는 것만 같아서 좋기도 했다. 언제나 시간이 있어 가족들을 돌보기만 하는게 일이었던 내게 그들을 뒤로하고 갈 곳이 생겼다.

소나무 숲속에서 '감성'을 충전하다

동서울터미널에서 인제읍까지 딱 1시간 45분이 걸렸다. 오지 중의 오지라고 들었고 전방이라 군부대가 많다고 들었는데 생각보다 가까워서 놀랐다. 역시 사람은 직접 다녀봐야 정확히 알 수 있다. 막연히 엄청 먼 곳이라고 생각했던 곳인데 이렇게 가깝다니.

기대했던 대로 인제의 자연은 수려했다. 비가 많이 온 후라서 강에 물도 그득 찼고 산도 깊고 호수도 아름다웠다. 시골 정취가 가득한 인제에서 사람도 만나고, 산에도 가고, 습지도 가고, 농장도 갈 생각에 설렜다. 그런 일정들을 뒤로하고 인제에서 가장 먼저 찾아간 곳은 한국시집박물관이었다.

인제터미널에서 20분 거리, 소나무 숲 안에 한국시집박물관이 있다.

　인제터미널에서 20분 만 달려가면 소나무 숲이 있고 그 소나무 숲 안에 한국시집박물관과 여초서예관이 나란히 서 있다. 박물관 조경을 위해서 소나무를 일부러 심은 게 아니라 원래 솔숲이었던 곳에 박물관을 만든 것이라고 한다.

　남겨둔 소나무가 이리 근사한데 자른 소나무는 아까워서 어쩌나 싶었다. 그래도 아파트가 아닌 박물관이 들어서서 다행이다 싶기도 했다. 한국시집박물관에서 유지원 학예사를 만났다. 본격적인 이야기를 나누기 앞서 박물관 구석구석을 함께 돌며 직접 자세한 해설을 직접 해주었다. 여행지에서 들르는 박물관은 슬쩍 스치며 지나가기 쉬운데 이렇게 학예사의 해설과 함께 돌아보니 더 자세히 보게 된 것 같았다. 당연히 '자세히 보니 더 예쁘게 보였다'.

한국시집박물관은 우리나라 근현대의 시집을 체계적으로 보존하고 전시하는 박물관으로 2014년에 처음 문을 열었다. 1900년대부터 1970년대까지 한국문학을 대표하는 시집 및 문학 자료를 연대기별로 전시하고 있다.

산과 바다 즐기며 출퇴근하는 산골 학예사

박물관 견학을 마치고 바람이 산들산들 부는 한국시집박물관 야외 데크에서 유지원 학예사와 이야기를 나누었다. 조용하지만 강단 있어 보이는 인상이었다. 학예사라는, 이름도 생소한 직업을 일단 알게 되었다. 학예사란 박물관이나 미술관에서 관람객을 위해 전시회를 기획, 개최하고 작품 또는 유물을 구입, 수집, 관리하는 업무를 담당하는 사람이라고 했다. 하지만 현실은 각종 행정 업무에 치인 공무원 같다는 푸념도 들려주었다.

유지원 학예사는 강원도 고성 출신으로 역사를 전공하고 조금 늦은 나이에 학예사 자격증을 땄다고 한다. DMZ박물관에서 소장품 관리 업무를 하다가 한국시집박물관으로 오면서 본격적으로 기획, 관리의 일을 하게 되었다.

강원도 고성에서 매일 편도 45분 정도를 출퇴근하면서 하루에 바다와 산촌의 풍경을 동시에 즐기는 행운을 누리고 있다고 하니 매일

한국시집박물관에는 희귀한 고시집부터 현대시집까지 다양한 시집들이 전시되어 있다.

교통 체증을 경험하고 있는 사람으로서 부럽기만 하다. 그가 전에 일
했던 DMZ박물관과 마찬가지로 현재 근무하고 있는 이곳 한국시집
박물관도 사람은 별로 없는 대신 경치 좋고 한적한 곳이라고 하니 부
럽다는 생각이 들었다.

학예사 입장에서 관람객이 적은 곳에서 일하는 점이 조금 아쉽지는
않을까. 개인 관람객이 적은 것은 아쉽지만 교육 위주의 단체 관람객
이 있어 업무는 늘 바쁘다고 한다. 영상을 활용해 비대면 교육도 실시
하고 있는데 서울이나 경기도 지역 학교들이 많이 신청하고 있어서
박물관 홍보에 도움이 되고 있는 모양이었다.

코로나의 순기능이라고나 할까. 이런 영상을 통해서 박물관을 알
릴 수 있고 많은 사람들이 직접 찾아와서 인제의 바람과 소나무와 시

를 즐기게 된다면 좋은 일이 아닐까 싶다.

겉으로 보기에 한가해 보인다고 관리하는 사람까지 한가한 것은 아
닐 것이다. 방문객들이야 잠시 보고 지나가는 공간이지만 그 공간을
만들기 위해서 보이지 않는 곳에서 많은 작업들이 이루어지고 있음
도 알게 되었다.

시에 관심이 많지 않은 요즘 학생들에게 어떤 교육을 하는지 궁금
했다. 시의 의미를 알려주고 시를 감상하는 교육을 하고 싶으나 학생
들의 관심이 워낙 낮아 그 대안으로 시와 연계된 공예 체험을 하고 있
다고 한다. 공예품을 만들면서 그 여유 공간 어딘가에 시를 필사하도
록 하고 있는데 그렇게라도 해서 잠깐이라도 시를 느껴볼 수 있는 시
간을 갖도록 하기 위해서다.

학생들이 시를 좋아하지 않는 것까지 나무랄 수 없는 일이지만 세
상에는 유튜브 말고도 보고 읽고 즐길 거리가 많이 있음을 알려주고
싶은 마음 간절하다. 문화의 다양성을 위해서라도 시를 읽고 즐기는
학생들이 더 많이 늘어났으면 하는 마음이고 한국시집박물관 같은 곳
에서 그 역할을 담당해 주었으면 좋겠다. 이곳에서는 사람들에게 조
금이라도 시를 접하는 기회를 줄 수 있도록 하기 위해 도서관처럼 시
집도 대여해주고 있다.

예전과 비교하면 여행 스타일도 많이 바뀌었다. 유명 관광지만 잠
깐 휙 보고 다니는 여행 대신 지역에 머물면서 체험도 하고 힐링도 하
는 여행이 늘어나고 있다. 한적하고 아름다운 여행지에서 시집 한 권

빼들고 앉아 바람소리 들으며 시를 읽고 소리내어 낭송도 한다면 더욱 아름다운 여행이 되지 않을까하는 생각이 들었다.

텃밭을 일구듯 마음을 일구다

유지원 학예산은 귀촌인은 아니지만 지역에 살며 일하는 강원도민으로서 귀촌에 대해서 어떤 생각을 갖고 있는지 궁금했다. 귀촌을 생각하는 50+세대에게 해주고 싶은 말이나 조언이라도 듣고 싶었다. 마침 남편이 농민 지원 관련 업무를 하고 있다며 간접적으로 들은 지원금 얘기를 해주었다.

정부의 지원금이 저소득층이나 꼭 필요한 사람에게 가야하는데 막상 지원금 신청을 받다보면 정보에 밝고 서류구비 능력이 있는 여유 있는 귀촌자들이 지원금을 받아가는 일이 많아 안타까운 마음이라고 했다.

하지만 귀촌인들의 입장에서 생각해보면 귀촌 초기에 많은 돈이 드는 게 사실이므로 그들 또한 지원금이 절실한 상황이기도 하다. 결국 이런 문제가 원주민과 갈등을 일으키는 주요 원인이 되기도 한다.

귀촌 준비를 할 때 경제적인 문제를 잘 생각해야 한다는 얘기도 들려 주었다. 가장 핵심적인 얘기라는 생각이 들었다. 모든 일에 경제적 준비만큼 중요한 일이 있을까. 귀촌을 생각할 때는 초기 정착 자금을

한국시집박물관의 유지원 학예사(왼쪽)와 필자.

잘 준비하는 것이 그 시작이리라.

귀촌인들의 특징 중 하나가 산중턱에 집을 짓는 것이라고 한다. 산중턱에 집을 지으면 자연 훼손이 심각하다. 또 마을 사람들과 너무 동떨어진 곳에서 귀촌생활을 시작하는 것도 안타깝다고도 했다. 기왕에 하는 귀촌, 마을에 집을 짓고 마을 사람들과 함께 살아보는 것을 권유했다. 특히 시골에는 빈집도 많으니 잘 활용하면 좋으련만 굳이 산을 깎는 것으로 시작하는 귀촌이 좋아보이지 않는다고 했다.

좋은 지적이다. 자연에 살아보겠다고 귀촌을 하면서 산을 깎는 자연훼손으로 시작하는 것은 너무 모순된 행동이다. 어차피 혼자 살 수 없는 세상인데 마을에 어울려 살면서 도움을 주고 받는 것이 자연훼손도 줄이고 적응하는데도 도움이 되지 않을까.

혹시 어르신이나 50+세대를 위해서 시집박물관에서 운영하는 프로그램이 있는지 물어보았다. 의도적으로 만들지는 않았으나 문예창작교실과 시낭송교실에 나이 드신 분들의 참여가 높다고 한다. 교통편이 불편해서 차가 있는 분이나 인근의 주민들만이 참여가 가능한 것에 대해 안타까워했다.

만약 인제로 귀촌을 하게 된다면 이러한 다양한 프로그램에 꼭 참여해보고 싶다. 소속감도 가질 수 있고 문화적 성취감을 느끼는 데도 꼭 필요할 것 같다. 귀촌했다고 어찌 매일 텃밭만 가꾸고 하늘의 별만 바라보고 살 수 있을까. 박물관이 나름의 구심점이 되어 문학에 관심 있는 원주민과 귀촌자들 간 교류의 장도 되고 귀촌자들이 적응하는데 도움을 준다면 충분히 그 존재 이유를 증명할 수 있을 것이다.

실제로 작년에 귀촌한 두 분이 이곳에 새로운 수강생으로 다니면서 마을 사람들도 사귀고 좋아하는 창작 활동도 하고 있다고 한다.

이곳이 그 사람들에게는 새로운 커뮤니티가 된 것이다. 농촌을 다

한국시집박물관

주소 : 강원도 인제군 북면 만해로 136 (24606)
전화 : (033)463-4082
관람료 : 무료
관람시간 : 09:00~18:00(동절기 17:30), 마감 30분 전까지 입장 가능
휴관일 : 매주 월요일, 1월 1일, 설날 당일, 추석 당일

녀보니 젊은이들의 커뮤니티는 많은 것에 비해 나이 든 분들의 커뮤
니티는 별로 없었는데 한국시집박물관이 그 역할을 하고 있는 것 같
아서 기분이 좋았다.

　한국시집박물관에는 다양한 시인들의 자료가 있다. 그중에는 친일
시인도 있고 월북시인도 있고 성추행에 연루된 시인도 있다. 그들의
자료를 전시하는 것에 비판적인 목소리도 있다고 한다. 그래서 어떤
시인의 자료 앞에는 이런 글귀가 적혀 있었다.

　"여러 가지 논란이 있으나 시 문학사에서 중요한 위치를 차지하기
때문에 전시하고 있습니다. 양해를 부탁드립니다."

　훌륭한 시인이라고 해서 모두 인격적으로 훌륭할 수는 없다는 것
은 알고 있으나 그들의 자료를 전시하는 것에는 논란의 여지가 많은

한국시집박물관에서 연대별로 분류해놓은 시인들의 작품을 감상하고 있다.

가 보다. 박물관 측의 고뇌가 느껴지는 글귀여서 마음이 짠했다. 그래도 저런 글귀가 있으면 반대하는 이들에게 한결 부드럽게 받아들일 수도 있을 것 같다.

학예사 일을 하면 시인들과의 교류가 많은지 궁금했다. 생각보다 교류가 많지는 않다고 했다. 시집을 새로 낸 시인들이 시집을 보내주곤 하는데 감사 인사 정도만 한다고 한다. 지역에도 등단한 시인들이 많으나 교류를 하기에는 학예사로서 해야하는 행정 업무가 너무 많다는 고충을 얘기했다. 혼자서 많은 일들을 처리하다보니 학예사라기보다 행정 직원으로서 시설 관리, 학예지 업무 등을 수행하는데 많은 시간을 보낸다고 한다. 한국시집박물관에서 운영하는 시낭송교실에도 직접 참여하고 수강생들의 이야기도 듣고 싶으나 바빠서 엄두를 못내고 있다고 하니 안타까웠다.

한국시집박물관이라는 시적인 이름을 가진 곳이지만 그 건물을 유지하고 관리하는데도 학예사의 역할이 크다는 것을 알게 되었다. 학예사로서 기획해보고 싶은 행사가 있는지 물었다. 이전에는 전국 단위 행사도 했었고 강원 문학인 대동제도 했다고 한다.

코로나 시국을 거치며 행사가 많이 위축되어 지금은 비대면 학습에 집중하고 있지만 앞으로 기회가 된다면 전국의 시집박물관과 연계하여 순회 공동 전시를 해보고 싶다고 했다. 특히 자연 경관이 뛰어난 이곳 인제의 시집박물관에서 많은 행사를 유치한다면 한국의 아름다운 풍광을 알리는데 크게 도움이 될 것이다.

'명동백작'과 70년대 명동을 걷다

 한국시집박물관의 감동을 간직한 채 또 다른 문학관, 박인환문학관을 찾았다. 한국시집박물관이 한적한 솔숲에 있다면 이곳은 읍내에 있어 접근성이 좋았다. 넓게 조성된 정원에는 시인의 조형물이 있어서 사진 찍기도 좋고 시인을 추억하며 산책을 하기에도 좋았다.

 박인환문학관은 인제에서 태어나 짧은 생을 살다간 박인환 시인을 기념하기 위한 공간으로 시인과 관련된 자료와 출판물 등이 전시되어 있었다. 박물관 내부에 인제의 옛 거리가 아닌 서울 명동의 옛 거리를 조성해 놓은 점이 조금 특이했다. 시인이 자주 가고 활동하던 곳

박인환문학관 건물 밖에 세워진 박인환 시인의 조형물.

을 재현한 것이라 한다.

특히 시인이 자주 가던 술집들을 꾸며 놓았는데 나이 드신 분들이 향수에 젖을만한 공간이었다. 2층의 술집 '은성'에는 막걸리 모형이 있어서 안에 들어가서 사진을 찍을 수도 있게 해놓았다. 박인환과 전혜린 그리고 최불암의 어머니 이명숙의 은성. 그 옛날의 낭만이 느껴지는 곳이다.

'명동백작'이라는 별명으로 불렸던 박인환 시인과 명동의 술집이 잘 어울렸다. 시간을 넘어 그 옛날의 명동을 산책하듯 문학관을 걸었다. 짧은 산책이지만 시인도 있고 시인이 즐겨가던 술집도 있고 시인의 생애도 있었다. 향수에 젖은 시인이 된 듯, 인제에서 명동에 온 듯 그렇게 걸어보는 것도 좋았다. 그 시절의 인제의 거리는 그저 쓸쓸한 시골길이 아니었을까 싶다. 그래서 쓸쓸한 인제의 시골길보다 차라리 조금 덜 쓸쓸한 명동의 길을 재현한 것이 아닐까.

박인환문학관 2층 연결통로를 통해 인제산촌민속박물관으로 연결

박인환문학관

주소 : 강원도 인제군 인제로 156번길 50
전화번호 : (033)462-2086
관람료 : 무료
관람시간 : 09:30∼18:00(17:30까지 입장 가능)
휴관일 : 매주 월요일, 1월1 일, 설날 당일, 추석 당일

된다. 박인환문학관을 찾았다면 이곳 역시 들러보는 것이 좋다. 옛날 시골, 특히 산골의 모습을 알 수 있어 아이들과 함께 가면 좋을 것 같다. 박물관은 언제나 아이들보다는 어른들이 좋아하는 장소이긴 하지만. 춥고 쓸쓸했을 그 시절 자연의 모습이 박물관에 재현되니 조금은 낭만적으로 느껴지기도 했다.

이 모든 장소들이 입장료도 없이 운영되고 있는 게 조금 놀라웠다. 인제에서 여행하다 박물관을 만나게 되면 그냥 지나치지 말고 들러보면 좋겠다.

인제는 자연만 아름다운 오지가 아니라 서울에서 두 시간이면 닿을 수 있는 가까운 곳으로 다양한 문화적 공간이 있는 지역이었다. 인제에 살게 된다면 한국시집박물관의 시낭송교실이나 문예창작교실에 참여하고 싶다. 서울에서 친구들이 내려오면 박인환문학관에 데려가서 잊고 살았던 시의 감성을 되살려주고 싶다. 자연과 더불어 만나는 시는 더욱 아름답다.

노르딕워킹, 부실한 무릎에 힘이 되어주다

달 뜨는 마을이라는, 시처럼 아름다운 마을 신월리에서 이름도 생소한 노르딕워킹을 배웠다. 노르딕워킹은 특별 제작된 스틱을 이용해 걷는 운동이다. 노르딕워킹용 스틱은 등산스틱과는 모양이 좀 다

정준교 냇강마을 사무장으로부터 노르딕워킹을 배웠다. 노르딕워킹은 특별 제작된 스틱을 이용해 걷는 운동이다.

른데 험한 등산로가 아닌 완만한 등산길이나 평지를 걸을 때 더 유용하게 만들어졌다. 특히 나이 들어 무릎이 좋지 않은 사람들이 운동할 때 유용한 워킹법이다.

우리에게 노르딕워킹을 가르쳐준 분은 정준교 냇강마을 사무장이다. 신월리 마을 도로를 오르내리며 배우기로 했으나 시간이 부족해 내리막길에서만 배우기로 하고 신월리 마을 사무장이 운전하는 트럭을 타고 전망대로 이동했다. 트럭 뒷자리에서 우리는 다같이 소리 지르며 즐거워했다. 덜컹덜컹 신월리의 롤러코스터. 뜻하지 않게 경험하는 즐거움이었다.

노르딕워킹으로 언덕을 내려오며 노년의 쓸쓸함이 아닌 재미와 소

노르딕워킹을 배우기 위해 마을 전망대에 올라갔다. 무릎은 좀 아프겠지만 노르딕 스키의 도움을 받으면 충분히 즐길 수 있지 않을까.

소함에 대해 생각해보았다. 인생 2막을 얘기할 때 다들 연금의 중요성을 강조했다.

국민연금, 개인연금, 연금저축 3단계의 연금을 준비하라는 이야기도 많이 들었다. 경제적 궁핍이 삶의 가장 커다란 문제였던 윗세대에게는 연금이 정말 중요했으리라. 연금만 준비하면 되는 것으로 알고 살았지만 막상 은퇴가 다가오니 연금만큼이나 할 일과 놀 일이 중요하다는 생각이 든다. 나이 들어도 하고 싶은 일, 즐길 수 있는 일들이 있어야 한다. 누구도 가르쳐주지 않았지만 나이들어 가니 그 중요성이 너무 절실하게 느껴졌다.

노년을 즐겁게 보내기 위해서 나는 조금 유치해지고 소소해지기로

여행하다 마음에 드는 곳이 있으면 살아보기를 하고 싶고 살아보기를 한 곳들은 고향이다 여기며 그렇게 살고 싶다.

결심했다. 세상에 커다란 도움도 되고 싶고, 인류를 구하고도 싶지만 그저 일상에서 즐거운 일들을 소중히 여기면서 살고 싶다.

노인정에서 화투치며 즐겁게 사는 어르신들의 삶이 소소하지만 소중한 것처럼. 작은 즐거움 속에서 행복도 느끼면서 그렇게 나이들어 가고 싶다.

무릎은 좀 아파오겠지만 노르딕 스틱을 이용하면 무릎 통증도 조금은 덜 수 있듯이 주위의 도움도 받고 때로는 주며 그렇게 살아간다면 노년의 삶이 덜 쓸쓸하지 않을까 싶다. 그곳이 서울이든 인제든.

서울에서의 쓸쓸한 이별

인제에 다녀온지 이틀 만에 딸 이사를 시켰다. 몸은 많이 피곤했지만 미안한 마음에 더 열심히 짐을 싸고 청소를 하고 정리를 해주었다. 급하게 치른 이사는 만족스럽지 않았다. 여기저기 부족했고 딸도 나도 마음에 들지 않았다. 하지만 어쩌겠는가. 부족함 투성이의 이사도 감당해야지. 이미 다녀온 인제 여행을 무를 수도 없고.

하나 밖에 없는 딸의 독립은 이루 말할 수 없이 쓸쓸했다. 짐이 빠져나가 텅빈 딸의 방을 보니 더욱 그랬다. 같은 서울에서의 이별도 이리 슬픈데 멀리 시골로 귀촌을 하게 된다면 어떨까 싶은 마음이 들었다. 새로운 삶을 위해 여행처럼 귀촌하리라 마음 먹고 있지만 어떤 결정에도 감당해야 할 몫은 있는 법이다.

같이 살아봐요, 인제

인제에서 살아보기

초판 1쇄 인쇄 2023년 3월 24일
초판 1쇄 발행 2023년 4월 3일

지은이 ● 서울시50플러스재단 도심권사업팀, 패스파인더
펴낸이 ● 정재학
펴낸곳 ● 퍼블리터
등록 ● 2006년 5월 8일(제2014-000181호)
주소 ● 경기도 고양시 일산동구 정발산로 24(장항동 868) 웨스턴타워 T3 416호
대표전화 ● (031)967-3267
팩스 ● (031)990-6707
이메일 ● publiter@naver.com
홈페이지 ● www.publiter.co.kr
페이스북 ● www.facebook.com/publiter1
블로그 ● blog.naver.com/publiter
인스타그램 ● instagram.com/publiter

출판국장 ● 길인수
기획 ● 곽경덕
편집 ● 임성준
마케팅 ● 신상준
디자인 ● 정스테파노

가격 17,000원
ISBN 979-11-980785-1-3 03303

이 책은 댐주변지역지원사업의 일환으로 한국수자원공사, 인제군의 지원을 받아 제작되었습니다.